(사)한자교육진흥회 주관
한국한자실력평가원 시행

한 번에 합격하는
한자자격시험 실전문제집

4급

김시현 지음
(사)한자교육진흥회 감수

머리말

대학과 학원, 기업 등 여러 장소에서 다양한 학생들을 상대로 강의를 하다 보면, 단순히 자격증 취득을 넘어서 이를 계기로 우리말 어휘력이 상당히 향상되었다는 소감을 많이 듣게 됩니다. 또한 한자로 이루어진 단어의 정확한 의미를 파악하지 못해 학습 또는 업무 효율이 떨어진다는 등의 곤란을 호소하는 이들도 많습니다.

지난 수년간 한글전용논의가 계속되어 왔지만, 결과가 이와 같은 것은 무슨 까닭일까요? 바로 한자와 중국어를 구분하지 못하고 헷갈린 때문입니다. 한자는 수천 년간 한자 문화권에서 통용되어진 문자로, 중국에서는 그들의 문화에 맞게, 또 우리나라에서는 우리의 문화에 맞게 변천되어 왔습니다. 때문에 한자를 모르면 우리말 구사력이 현저히 떨어질 수밖에 없습니다.

그러나 아직까지도 우리의 한자교육은 우리말과 단어를 제대로 구사하는 것보다는, 그야말로 천자문을 외우듯 개별한자를 암기하도록 하는 데 초점이 맞추어져 있습니다. 2,000자를 읽는다고 해도 실제 어문에서의 활용이 어렵다면 이는 살아있는 공부라 하기 어려울 것입니다. 그런 의미에서 한자자격시험은 한자와 한자어 학습의 균형을 잡는 데 도움이 된다 하겠습니다. 뿐만 아니라 교과서에 나오는 단어나 시사, 경제 등 다분야의 실용한자어를 자연스럽게 익히도록 되어 있어 한자는 물론, 어휘력과 사고력을 향상시키는 결과도 기대할 수 있습니다. 이 책은 이러한 사단법인 한자교육진흥회의 출제의도를 충실히 반영하여 만들어진 예상 및 기출문제집입니다. 특히 예상문제들은 다년간의 강의 경험을 통해 출제경향과 빈도를 가능한 철저히 분석하여 만들었습니다.

한자자격시험 준비를 통해 자신의 어문실력을 한층 업그레이드할 수 있기를 바랍니다. 더불어 본서가 보다 효율적으로 실전에 대비하는 데 도움이 될 수 있기를 희망합니다.

김시현

목 차

- 한자자격시험 안내 ... 4
- 급수별 선정한자 일람표 ... 8
- 4급 교과서한자어 일람표 ... 16
- 한자자격시험 4급 예상문제 ... 19
  - 1 회 ... 20
  - 2 회 ... 23
  - 3 회 ... 26
  - 4 회 ... 29
  - 5 회 ... 32
  - 6 회 ... 35
  - 7 회 ... 38
  - 8 회 ... 41
  - 9 회 ... 44
  - 10회 ... 47
  - 11회 ... 50
  - 12회 ... 53
  - 13회 ... 56
  - 14회 ... 59
  - 15회 ... 62
  - 16회 ... 65
- 한자자격시험 4급 기출문제 ... 69
  - 1 회 ... 70
  - 2 회 ... 73
  - 3 회 ... 76
  - 4 회 ... 79
- 정답 ... 83
- 답안지 ... 91

한자자격시험 안내

1. 국가공인자격시험

- 한자자격시험은 국가에서 공인한 시험(신규공인: 2004. 1, 재공인: 2006. 2)입니다.
- 자격종목 및 등급: 한자실력급수(사범, 1급, 2급, 3급)
  ※교양한자급수: 준3급, 4급, 준4급, 5급, 준5급, 6급, 7급, 8급
- 국가공인 한자자격 취득자는 법률에 의거, 여타의 국가공인 자격증과 똑같은 대우를 받습니다.
- 국가공인 한자자격을 취득한 초·중·고등학생은 교육인적자원부(현 교육과학기술부) 훈령 제719호에 의거, 학교생활기록부 자격증 및 인증취득상황란에 등재됩니다.

2. 한자자격시험의 특징

한자사용능력을 종합적으로 평가합니다.

한자평가원에서 시행하는 한자자격시험은 단순히 한자를 많이 암기하는 능력을 평가하는 시험이 아닙니다. 한자에 대한 이해, 실생활에서의 한자 활용능력, 어휘력, 교과서한자어 인지도 등을 종합적으로 평가하며 이 과정을 통해 자연스럽게 언어능력 및 문장 구성능력이 향상될 수 있습니다.

사고력과 어휘력을 향상시킵니다.

한자자격시험은 사고능력을 향상시킬 수 있도록 구성되어 있습니다. 한자자격시험 대비 교재를 공부하는 과정을 통해 자연스럽게 사고력과 어휘력의 향상이 이루어질 수 있습니다.

학업성적 향상에 기여합니다.

초·중등학교 교과서에 자주 나오는 한자어를 평가하고 있으므로, 시험대비 과정을 통해 자연스럽게 교과서에 나오는 어려운 어휘에 대한 이해력을 높여 학교에서의 학업능력을 향상시킵니다.

교과학습능력을 신장시킵니다.

한자자격시험은 각 학교급별 수준에 맞는 내용으로 급수별 평가를 시행하고 있습니다. 각 급수의 수준을 초등학교 1학년부터 고등학교 3학년, 대학, 일반 등으로 나누어 제시하고 있으며, 다시 해당 교과서에 자주 등장하는 단어(한자어)를 분석하여 한자 공부를 할 수 있도록 하고 있습니다. 이를 바탕으로 학습자는 자신이 공부해야 할 급수를 선택할 수 있고, 또 학습과정을 통해 해당 교과서에 나오는 한자어를 공부하게 됩니다. 이는 교과서 단어에 대한 뜻을 정확히 이해하고 해석하는 데 도움을 주어 결과적으로 교과학습 성취도를 높이는 데 도움이 됩니다.

한자자격시험 안내

(1) 한자자격시험
- 주관: 사단법인 한자교육진흥회(社團法人 漢字敎育振興會)
- 시행: 한국한자실력평가원(韓國漢字實力評價院)

(2) 한자자격시험 일정
- 연 4회
- 매 2월, 5월, 8월, 11월 시행(사정에 따라 변경될 수 있음)
- 응시자격: 제한 없음

(3) 한자자격시험 준비물 및 입실 시간
- 접수 준비물: 기본인적사항, 응시원서, 응시료, 반명함판 사진(3cm×4cm) 2매
- 시험 준비물
  ① 수험표
  ② 신분증
     (학생증, 주민등록증, 운전면허증, 여권-초등학생과 미취학 아동은 건강보험증 또는 주민등록등본)
  ③ 컴퓨터용 사인펜
  ④ 검정색 필기구(연필 사용 불가)
  ⑤ 수정 테이프(수정액 사용 불가)
- 고사장 입실시간: 시험 시작 20분 전까지

(4) 한자자격시험 급수별 출제범위

급수		사범	1급	2급	3급	준3급	4급	준4급	5급	준5급	6급	7급	8급
평가 한자수	계	5,000자	3,500자	2,300자	1,800자	1,350자	900자	700자	450자	250자	170자	120자	50자
	선정 한자	5,000자	3,500자	2,300자	1,300자	1,000자	700자	500자	300자	150자	70자	50자	30자
	교과서 실용 한자어	-	500단어	500단어	500자 (436단어)	350자 (305단어)	200자 (156단어)	200자 (139단어)	150자 (117단어)	100자 (62단어)	100자 (62단어)	70자 (43단어)	20자 (13단어)

- 한자자격시험은 사범~8급까지 총 12개 급수로 구성되어 있습니다.
- 국가공인급수는 사범~3급까지 4개 급수이며, 민간자격법에 의한 교양한자급수는 준3급~8급까지 8개 급수입니다.
- 1급과 2급은 직업분야별 실용한자어, 3급 이하는 교과서한자어를 뜻합니다.

한자자격시험 안내

⑸ 급수별 출제 문항수 및 출제기준

구분		급수	사범	1급	2급	3급	준3급	4급	준4급	5급	준5급	6급	7급	8급 (첫걸음)
출제 기준		문항수 합계	200	150	100	100	100	100	100	100	100	80	50	50
	주관식	문항수	150	100	70	70	70	70	70	70	70	50	20	20
		비율(%)	75% 이상	65% 이상	70% 이상	70% 이상	70% 이상	70% 이상	70% 이상	70% 이상	70% 이상	60% 이상	40% 이상	40% 이상
		한자쓰기 (비율%)	25	25	25	20	20	20	20	20	20	10	–	–
	객관식	문항수	50	50	30	30	30	30	30	30	30	30	30	30
문항별 배점			2	2	2	2	1	1	1	1	1	1.25	2	2
만점 (환산점수: 100점 만점)			400 (100)	300 (100)	200 (100)	200 (100)	100	200 (100)	100	100	100	100	100	100

⑹ 급수별 합격기준

구분	급수	사범	1급	2급	3급	준3급	4급	준4급	5급	준5급	6급	7급	8급 (첫걸음)
합격기준 (문항수 기준)		80% 이상	70% 이상	70% 이상	70% 이상	70% 이상	70% 이상	70% 이상	70% 이상	70% 이상	70% 이상	70% 이상	70% 이상

⑺ 급수별 시험시간, 출제유형별 비율

구분		급수	사범	1급	2급	3급	준3급	4급	준4급	5급	준5급	6급	7급	8급 (첫걸음)
시험시간			120분	80분	60분	60분	60분	60분	60분	60분	60분	60분	60분	60분
유형·비율(%)	급수별 선정 한자	훈음	25	15	15	15	15	15	15	15	15	20	25	25
		독음	35	15	15	15	15	15	15	15	15	20	25	25
		쓰기	25	20	20	20	20	20	20	20	20	10	–	–
		기타	15	15	15	15	15	15	15	15	15	15	15	15
		소계	100	65	65	65	65	65	65	65	65	65	65	65
	교과서 실용 한자어	독음	–	10	10	15	15	15	15	15	15	15	15	15
		용어뜻	–	10	10	10	10	10	10	10	10	10	10	10
		쓰기	–	5	5	0	0	0	0	0	0	0	0	0
		기타	–	10	10	10	10	10	10	10	10	10	10	10
		소계	–	35	35	35	35	35	35	35	35	35	35	35
합계			100	100	100	100	100	100	100	100	100	100	100	100

한자자격시험 안내

(8) 국가공인 한자자격 취득자 우대
- 자격기본법 제27조에 의거 국가자격 취득자와 동등한 대우 및 혜택
- 직업교육훈련기관에서 입학 전형자료로 활용
- 직업능력의 우월성 인정으로 취업 시 우대
- 공공기관과 기업체 채용, 보수, 승진과정에서 우대하며 전문대학, 대학교 입학 시 가산점 인정
  ※ 우대 반영 비율 및 세부사항은 기업체 및 각 대학 입시요강에 따름
- 초·중·고등학생은 교육인적자원부(현 교육과학기술부) 훈령 제719호에 따라 학교생활기록부 자격증 및 인증취득상황란에 등재
- 대상 급수: 사범, 1급, 2급, 3급

이 책의 특징과 구성

이 책은 국가공인 한자자격시험 관리 운영기관인 '(사)한자교육진흥회'가 주관하고, '한국한자실력평가원'에서 시행하는 4급 한자자격시험 대비 실전문제집입니다.

- 이 책은 한자자격시험의 평가기준과 평가의도를 정확히 반영하고 있습니다.
- 지금까지 여타 '한자검정'은 '한자의 글자수 암기능력'만을 측정하여 자격을 부여하고 있습니다. 반면 〈한자자격시험〉은 한자 인지학습은 물론, 초·중·고의 학교급별 교과서에 쓰이고 있는 한자어를 읽고 쓰고 뜻을 알게 하는 과정을 통해 우리말의 어휘력과 사고력, 문제의 핵심을 파악하게 하는 능력 등을 높여 자연스럽게 교과학습 성취도를 향상시켜 줍니다. 이 책은 이러한 평가 방향과 내용을 정확히 분석하여 학습 효과를 높이는 것은 물론이고, 최고의 한자자격시험 적중률을 자랑합니다.
- 책의 앞부분에 급수별 선정한자 목록과 교과서한자어 목록을 수록하였습니다. 4급 선정한자 700자는 준4급까지의 하위급수 한자에 4급 고유한자 200자가 더해진 것입니다. 한자자격시험 4급에서는 고유한자 200자의 출제빈도가 매우 높기 때문에 이 글자들을 집중적으로 학습할 수 있도록 구성하였습니다.
- 각 단원은 예상문제 16회와 기출문제 4회로 구성되어 있습니다. 특히 예상문제는 최근 기출경향 및 출제빈도를 철저히 분석하여 만들어졌습니다. 또한 정답을 작성할 수 있는 답안지를 수록하여 가장 실전에 가까운 모의시험이 가능하도록 했습니다.

급수별 선정한자 일람표

8급 선정한자

九	아홉 구	
口	입 구	
女	계집 녀	
六	여섯 륙	
母	어머니 모	
木	나무 목	
門	문 문	
白	흰 백	
父	아버지 부, 남자미칭 보	
四	넉 사	
山	메 산	
三	석 삼	
上	위 상	
小	작을 소	
水	물 수	
十	열 십	
五	다섯 오	
王	임금 왕	
月	달 월	
二	두 이	
人	사람 인	
日	날 일	
一	한 일	
子	아들 자	
中	가운데 중	
七	일곱 칠	
土	흙 토	
八	여덟 팔	
下	아래 하	
火	불 화	

7급 선정한자

江	강 강
工	장인 공
金	쇠 금, 성 김
男	사내 남
力	힘 력
立	설 립
目	눈 목
百	일백 백
生	날 생
石	돌 석
手	손 수
心	마음 심
入	들 입
自	스스로 자
足	발 족
川	내 천
千	일천 천
天	하늘 천
出	날 출
兄	맏 형

6급 선정한자

南	남녘 남
內	안 내, 여관(女官) 나
年	해 년
東	동녘 동
同	한가지, 같을 동
名	이름 명
文	글월 문

方	모, 방향 방
夫	지아비, 남편 부
北	북녘 북, 달아날 배
西	서녘 서
夕	저녁 석
少	적을 소
外	바깥 외
正	바를 정
弟	아우 제
主	주인 주
青	푸를 청
寸	마디 촌
向	향할 향

준5급 선정한자

歌	노래 가
家	집 가
間	사이 간
車	수레 거, 차
巾	수건 건
古	옛 고
空	빌 공
教	가르칠 교
校	학교 교
國	나라 국
軍	군사 군
今	이제 금
記	기록할 기
氣	기운 기
己	몸 기
農	농사 농

급수별 선정한자 일람표

答	대답, 답할 답		安	편안할 안		**5급** 선정한자	
代	대신할 대		羊	양 양			
大	큰 대		語	말씀 어		各	각각 각
道	길 도		午	낮 오		感	느낄 감
洞	골 동, 꿰뚫을 통		玉	구슬 옥		強	강할 강
登	오를 등		牛	소 우		開	열 개
來	올 래		右	오른 우		去	갈 거
老	늙을 로		位	자리 위		犬	개 견
里	마을 리		有	있을 유		見	볼 견, 뵐 현
林	수풀 림		育	기를 육		京	서울 경
馬	말 마		邑	고을 읍		計	셀 계
萬	일만 만		衣	옷 의		界	지경, 경계 계
末	끝 말		耳	귀 이		苦	괴로울, 쓸 고
每	매양 매		字	글자 자		高	높을 고
面	낯 면		長	긴 장		功	공(들일) 공
問	물을 문		場	마당 장		共	함께 공
物	물건, 만물 물		電	번개 전		科	과목 과
民	백성 민		前	앞 전		果	과실, 과일 과
本	근본 본		全	온전할, 전체 전		光	빛 광
不	아니 불, 부		祖	할아비, 조상 조		交	사귈 교
分	나눌 분, 푼 푼		左	왼 좌		郡	고을 군
士	선비 사		住	살 주		近	가까울 근
事	일 사		地	땅 지		根	뿌리 근
色	빛 색		草	풀 초		急	급할 급
先	먼저 선		平	평평할 평		多	많을 다
姓	성씨 성		學	배울 학		短	짧을 단
世	세상 세		韓	나라이름 한		當	마땅할 당
所	바, 곳 소		漢	한수, 한나라 한		堂	집 당
時	때 시		合	합할 합, 홉 홉		對	대답할, 대할 대
市	저자, 시장 시		海	바다 해		圖	그림 도
食	밥 식, 먹이 사		孝	효도 효		度	법도 도, 헤아릴 탁
植	심을 식		休	쉴 휴		刀	칼 도
室	집 실					讀	읽을 독, 구절 두

급수별 선정한자 일람표

冬	겨울 동	省	살필 성, 덜 생	友	벗 우		
童	아이 동	性	성품 성	運	움직일, 옮길 운		
頭	머리 두	成	이룰 성	遠	멀 원		
等	무리 등	消	사라질 소	原	들, 언덕, 근본 원		
樂	즐거울 락, 풍류 악, 좋아할 요	速	빠를 속	元	으뜸 원		
禮	예도, 예절 례	孫	손자 손	油	기름 유		
路	길 로	樹	나무 수	肉	고기 육		
綠	푸를 록	首	머리 수	銀	은 은		
理	다스릴, 이치 리	習	익힐 습	飮	마실 음		
李	오얏 리	勝	이길 승	音	소리 음		
利	이로울 리	詩	글 시	意	뜻 의		
命	목숨 명	示	보일 시	者	놈, 사람 자		
明	밝을 명	始	처음, 시작 시	昨	어제 작		
毛	털 모	式	법 식	作	지을 작		
無	없을 무	神	귀신 신	章	글 장		
聞	들을 문	身	몸 신	在	있을 재		
米	쌀 미	信	믿을 신	才	재주 재		
美	아름다울 미	新	새로울 신	田	밭 전		
朴	순박할, 성씨 박	失	잃을 실	題	제목 제		
反	돌이킬, 반대 반	愛	사랑 애	第	차례 제		
半	절반 반	野	들 야	朝	아침 조		
發	일어날 발	夜	밤 야	族	겨레 족		
放	놓을 방	藥	약 약	晝	낮 주		
番	차례 번	弱	약할 약	竹	대 죽		
別	다를, 나눌 별	陽	볕 양	重	무거울 중		
病	병 병	洋	큰 바다 양	直	곧을 직		
步	걸음 보	魚	물고기 어	窓	창문 창		
服	옷 복	言	말씀 언	淸	맑을 청		
部	거느릴, 나눌 부	業	일 업	體	몸 체		
死	죽을 사	永	길 영	村	마을 촌		
書	글 서	英	꽃부리 영	秋	가을 추		
席	자리 석	勇	날쌜, 용기 용	春	봄 춘		
線	줄, 실 선	用	쓸 용	親	친할 친		

급수별 선정한자 일람표

太	클 태	輕	가벼울 경	冷	찰 랭
通	통할 통	敬	공경할 경	兩	두 량
貝	조개 패	季	철, 계절 계	良	어질 량
便	편할 편, 똥오줌 변	固	굳을 고	量	헤아릴 량
表	겉 표	考	상고할, 생각 고	歷	지낼 력
品	물건 품	告	알릴 고, 뵙고 청할 곡	領	옷깃, 다스릴 령
風	바람 풍	曲	굽을 곡	令	하여금, 명령할 령
夏	여름 하	公	공변될, 귀할 공	例	법식, 전례 례
行	다닐 행	課	매길, 공부할 과	勞	수고로울 로
幸	다행 행	過	지날 과	料	헤아릴 료
血	피 혈	關	관계할, 빗장 관	流	흐를 류
形	모양 형	觀	볼 관	亡	망할 망
號	이름, 차례 호	廣	넓을 광	望	바랄 망
花	꽃 화	橋	다리 교	買	살 매
話	말씀 화	求	구할 구	妹	아랫누이 매
和	화할, 화목할 화	君	임금 군	賣	팔 매
活	살 활	貴	귀할 귀	武	굳셀, 무력 무
黃	누를 황	極	다할 극	味	맛 미
會	모일 회	給	줄 급	未	아닐 미
後	뒤 후	期	기약할, 때 기	法	법 법
		技	재주 기	兵	군사 병
		基	터 기	報	갚을, 알릴 보

준4급 선정한자

		吉	길할, 좋을 길	福	복 복
價	값 가	念	생각 념	奉	받들 봉
加	더할 가	能	능할 능	富	부자 부
可	옳을 가	談	말씀 담	備	갖출 비
角	뿔 각	待	기다릴 대	比	견줄, 비교 비
甘	달 감	德	덕, 큰 덕	貧	가난할 빈
改	고칠 개	都	도읍 도	氷	얼음 빙
個	낱 개	島	섬 도	仕	벼슬할 사
客	손님 객	到	이를 도	思	생각 사
決	결단할 결	動	움직일 동	師	스승 사
結	맺을 결	落	떨어질 락	史	역사 사

급수별 선정한자 일람표

使	하여금, 부릴 사	約	맺을 약	傳	전할 전
産	낳을 산	養	기를 양	展	펼 전
算	셈 산	漁	고기 잡을 어	店	가게 점
賞	상줄 상	億	억 억	庭	뜰 정
相	서로 상	如	같을 여	情	뜻 정
商	장사 상	餘	남을 여	定	정할 정
常	항상 상	然	그럴 연	調	고를 조
序	차례 서	熱	더울 열	助	도울 조
船	배 선	葉	잎 엽, 땅이름 섭	鳥	새 조
仙	신선 선	屋	집 옥	早	이를 조
善	착할 선	溫	따뜻할 온	存	있을 존
雪	눈 설	完	완전할 완	卒	군사, 마칠 졸
說	말씀 설, 달랠 세, 기쁠 열	要	구할, 중요 요	終	마칠 종
星	별 성	雨	비 우	種	씨 종
城	재, 성씨 성	雲	구름 운	罪	허물, 죄 죄
誠	정성 성	園	동산 원	注	물댈 주
洗	씻을 세	願	원할 원	止	그칠 지
歲	해 세	由	말미암을 유	志	뜻 지
送	보낼 송	義	옳을 의	知	알 지
數	셈 수, 자주 삭, 빽빽할 촉	醫	의원 의	至	이를 지
守	지킬 수	以	써 이	紙	종이 지
宿	잠잘 숙, 별자리 수	因	인할 인	支	지탱할 지
順	순할 순	姉	맏누이 자	進	나아갈 진
視	볼 시	再	두, 다시 재	眞	참 진
試	시험 시	材	재목, 재료 재	質	바탕 질
識	알 식, 기록할 지	財	재물 재	集	모일 집
臣	신하 신	爭	다툴 쟁	次	버금 차
實	열매 실	低	낮을 저	參	참여할 참, 석 삼(三)
氏	성씨 씨, 나라이름 지	貯	쌓을 저	責	꾸짖을 책
兒	아이 아	的	과녁 적	鐵	쇠 철
惡	악할 악, 미워할 오	赤	붉을 적	初	처음 초
案	책상, 생각 안	典	법, 책 전	祝	빌 축
暗	어두울 암	戰	싸움 전	充	채울 충

급수별 선정한자 일람표

忠	충성 충	減	덜 감	端	바를, 끝 단
致	이를 치	甲	껍질, 갑옷 갑	丹	붉을 단, 꽃이름 란
他	다를 타	擧	들 거	單	홑, 홀로 단
打	칠 타	巨	클 거	達	통달할, 도달할 달
宅	집 택, 집 댁	建	세울 건	徒	무리 도
統	거느릴, 다스릴 통	乾	하늘, 마를 건(간)	獨	홀로 독
特	특별할 특	更	다시 갱, 고칠 경	斗	말 두
敗	패할, 질 패	慶	경사 경	得	얻을 득
必	반드시 필	競	다툴 경	燈	등잔 등
河	물 하	耕	밭갈 경	旅	나그네 려
寒	찰 한	景	볕 경	連	이을 련
害	해칠, 해로울 해	經	지날, 글, 경선 경	練	익힐 련
香	향기 향	庚	천간, 별 경	烈	매울, 뜨거울 렬
許	허락할 허	溪	시내 계	列	벌릴 렬
現	나타날 현	癸	천간 계	論	논할, 말씀 론
好	좋을 호	故	연고, 원인 고	陸	뭍, 땅 륙
湖	호수 호	谷	골 곡	倫	인륜, 윤리 륜
畵	그림 화, 그을 획	骨	뼈 골	律	법 률
化	될, 변화할 화	官	벼슬 관	滿	찰 만
患	근심 환	救	구원할, 도울 구	忘	잊을 망
回	돌 회	究	궁구할, 연구 구	妙	묘할 묘
效	본받을, 효력 효	句	글귀, 말 구	卯	토끼 묘
訓	가르칠 훈	舊	옛 구	務	힘쓸 무
凶	흉할 흉	久	오랠 구	尾	꼬리 미
黑	검을 흑	弓	활 궁	密	빽빽할, 몰래 밀
		權	권세 권	飯	밥 반
4급 선정한자		均	고를 균	防	막을 방
		禁	금할 금	房	방 방
街	거리 가	及	미칠 급	訪	찾을 방
假	거짓 가	其	그 기	拜	절 배
佳	아름다울 가	起	일어날 기	伐	칠 벌
干	방패 간	乃	이에 내	變	변할 변
看	볼 간	怒	성낼 노	丙	남녘 병

급수별 선정한자 일람표

保	지킬, 보호할 보	純	순수할 순	引	끌 인
復	돌아올 복, 다시 부	戌	개, 지지 술	印	도장 인
否	아닐 부, 막힐 비	拾	주울 습, 열 십(十)	寅	범 인
婦	지어미, 며느리, 부인 부	承	이을 승	認	알 인
佛	부처 불	是	옳을 시	壬	천간, 북방, 클 임
悲	슬플 비	辛	매울 신	將	장수 장
非	아닐 비	申	펼, 지지 신	適	맞을, 적당 적
鼻	코 비	眼	눈 안	敵	원수 적
巳	뱀, 지지 사	若	같을 약, 절 야	節	마디 절
謝	사례할 사	與	더불, 줄 여	接	이을, 가까이 할 접
私	사사로울 사	逆	거스를 역	停	머무를 정
絲	실 사	硏	갈, 연구 연	井	우물 정
寺	절 사, 관청 시	榮	영화 영	精	정기, 가릴 정
舍	집 사	藝	재주 예	政	정사, 정치 정
散	흩어질 산	誤	그릇될, 그르칠 오	除	덜, 제외할 제
想	생각 상	往	갈 왕	祭	제사 제
選	가릴, 뽑을 선	浴	목욕할 욕	製	지을 제
鮮	고울 선	容	얼굴 용	兆	조 조
舌	혀 설	遇	만날 우	造	지을 조
聖	성스러울, 성인 성	雄	수컷 웅	尊	높을, 존경할 존
盛	성할 성	危	위태할 위	坐	앉을 좌
聲	소리 성	偉	클, 위대할 위	走	달릴 주
細	가늘 세	爲	할 위	朱	붉을 주
勢	권세, 세력 세	遺	남길 유	衆	무리 중
稅	세금 세	酉	닭, 지지 유	增	더할 증
笑	웃음 소	恩	은혜 은	持	가질 지
續	이을 속	乙	새 을	指	손가락 지
俗	풍속 속	陰	그늘 음	辰	별 진, 때 신
松	소나무 송	應	응할 응	着	붙을 착
收	거둘 수	依	의지할 의	察	살필 찰
修	닦을 수	異	다를 이	唱	부를, 노래 창
受	받을 수	移	옮길 이	冊	책 책
授	줄 수	益	더할 익	處	곳, 살 처

급수별 선정한자 일람표

聽 들을 청	**뜻과 음이 여럿인 한자**	宅 집 택, 집 댁
請 청할 청		畵 그림 화, 그을 획
最 가장 최	[8급]	[4급]
蟲 벌레 충	父 아버지 부, 남자미칭 보	乾 하늘 건, 마를 간(건)
取 가질, 취할 취	[7급]	更 다시 갱, 고칠 경
治 다스릴 치	金 쇠 금, 성 김	丹 붉을 단, 꽃이름 란
齒 이 치	[6급]	復 돌아올 복, 다시 부
則 법칙 칙, 곧 즉	內 안 내, 여관(女官) 나	否 아닐 부, 막힐 비
針 바늘 침	北 북녘 북, 달아날 배	寺 절 사, 관청 시
快 쾌할 쾌	[준5급]	拾 주울 습, 열 십(十)
脫 벗을 탈	車 수레 거, 수레 차	若 같을(만약) 약, 절 야
探 찾을 탐	不 아니 불, 아니 부	辰 별 진, 때 신
退 물러날 퇴	分 나눌 분, 푼 푼	則 법칙 칙, 곧 즉
波 물결 파	洞 골 동, 꿰뚫을 통	布 펼 포, 펼 보(속음)
判 판단할 판	食 밥 식, 먹이 사	暴 사나울 포, 드러낼 폭, 사나울 폭
片 조각 편	合 합할 합, 홉 홉	
布 펼 포(보)	[5급]	*속음: 원음이 변하여 널리 통용되어지는 음
暴 사나울 포(폭), 드러낼 폭	見 볼 견, 뵐 현	
筆 붓 필	度 법도 도, 헤아릴 탁	
限 한정, 끝 한	讀 읽을 독, 구절 두	
解 풀 해	樂 즐거울 락, 풍류 악, 좋아할 요	
鄕 시골, 마을 향	省 살필 성, 덜 생	
協 도울 협	便 편할 편, 똥오줌 변	
惠 은혜 혜	[준4급]	
呼 부를 호	告 알릴 고, 뵙고 청할 곡	
戶 지게문, 집 호	說 말씀 설, 달랠 세, 기쁠 열	
婚 혼인할 혼	數 셈 수, 자주 삭, 빽빽할 촉	
貨 재화, 재물 화	宿 잠잘 숙, 별자리 수	
興 일어날 흥	識 알 식, 기록할 지	
希 바랄 희	氏 성씨 씨, 나라이름 지	
	惡 악할 악, 미워할 오	
	葉 잎 엽, 땅이름 섭	
	參 참여할 참, 석 삼(三)	

4급 교과서한자어 일람표

可採	가채	納稅	납세	比喩	비유
價値	가치	濃度	농도	比率	비율
干拓	간척	多元社會	다원사회	司法府	사법부
葛藤	갈등	踏査	답사	辭典	사전
降水量	강수량	臺本	대본	朔望月	삭망월
皆旣月蝕	개기월식	大衆媒體	대중매체	散策	산책
儉素	검소	導體	도체	常識	상식
揭示板	게시판	突然變異	돌연변이	象徵	상징
隔差	격차	摩擦力	마찰력	敍述	서술
經濟	경제	埋藏	매장	選擇	선택
考證學	고증학	脈絡	맥락	細胞	세포
恭敬	공경	免疫	면역	消費	소비
公演	공연	模倣	모방	疏通	소통
恐慌	공황	描寫	묘사	需要	수요
誇張	과장	博覽會	박람회	輸入	수입
寡占	과점	博物館	박물관	隨筆	수필
慣性	관성	反射	반사	殉葬	순장
寬容	관용	反映	반영	施設作物	시설작물
慣用表現	관용표현	放縱	방종	實踐	실천
國寶	국보	背景	배경	心象	심상
根據	근거	配慮	배려	巖石	암석
勤勉	근면	排他主義	배타주의	餘暇	여가
金融	금융	普通選擧	보통선거	輿論	여론
肯定	긍정	福祉	복지	連帶	연대
矜持	긍지	封建制度	봉건제도	聯想	연상
氣孔	기공	副都心	부도심	令狀	영장
氣團	기단	分斷	분단	豫見	예견
氣壓	기압	分析	분석	預金	예금
企業	기업	不飽和	불포화	汚染	오염
機智	기지	朋黨	붕당	宇宙	우주
嗜好	기호	比較	비교	衛星都市	위성도시
懶怠	나태	卑俗語	비속어	紐帶	유대

4급 교과서한자어 일람표

維新	유신	追憶	추억
隱語	은어	推薦	추천
音韻	음운	縮尺	축척
匿名性	익명성	趣向	취향
慈悲	자비	妥協	타협
莊園	장원	討議	토의
裁判	재판	投資	투자
抵抗	저항	投票	투표
顚倒	전도	販賣	판매
專制政治	전제정치	偏西風	편서풍
絕對王政	절대왕정	平衡	평형
情緖	정서	標準語	표준어
帝國主義	제국주의	寒帶氣候	한대기후
祭政一致	제정일치	函數	함수
潮境水域	조경수역	含蓄	함축
條約	조약	革命	혁명
尊嚴	존엄	血緣	혈연
竹林七賢	죽림칠현	形態素	형태소
遵法精神	준법정신	確率	확률
中繼貿易	중계무역	環境	환경
蒸散作用	증산작용	還穀	환곡
症候群	증후군	效率	효율
地球村	지구촌	訓詁學	훈고학
志操	지조	戲曲	희곡
地震	지진	稀少性	희소성
地層	지층		
秩序	질서		
責任	책임		
天賦	천부		
尖端	첨단		
淸廉	청렴		
體操	체조		
超過	초과		

한자자격시험 4급 예상문제

1~16회

1회 한자자격시험 4급 예상문제

객관식 (1~30번)

■ 다음 [ ] 안의 한자와 음이 같은 한자는?

1. [婦] ① 調 ② 否 ③ 朱 ④ 戌
2. [精] ① 永 ② 引 ③ 政 ④ 單
3. [危] ① 陽 ② 爲 ③ 先 ④ 有
4. [戶] ① 定 ② 乙 ③ 豆 ④ 呼
5. [異] ① 是 ② 祝 ③ 喜 ④ 移

■ 다음 [ ] 안의 한자와 뜻이 상대(반대)되는 한자는?

6. [惡] ① 善 ② 工 ③ 空 ④ 非
7. [受] ① 興 ② 結 ③ 授 ④ 指
8. [敵] ① 九 ② 音 ③ 友 ④ 架

■ 다음 [ ] 안의 한자와 뜻이 비슷한 한자는?

9. [續] ① 承 ② 卒 ③ 除 ④ 勢
10. [恩] ① 完 ② 惠 ③ 傳 ④ 陽

■ 다음 〈보기〉의 낱말들과 가장 관련이 깊은 한자는?

11. 보기 성형수술   코   마스크
    ① 飯 ② 祭 ③ 容 ④ 律

12. 보기 그림   노래   무용
    ① 經 ② 醫 ③ 壯 ④ 藝

13. 보기 의사   나이   칫솔
    ① 衆 ② 權 ③ 佛 ④ 齒

■ 다음 설명이 뜻하는 한자어는?

14. 빈부, 임금, 기술 수준 따위가 서로 벌어져 다른 정도
    ① 尊嚴 ② 隔差 ③ 平衡 ④ 責任

15. 용액 따위의 진함과 묽음의 정도
    ① 濃度 ② 根據 ③ 質量 ④ 抵抗

16. 행동, 성격 따위가 느리고 게으름
    ① 倦怠 ② 納稅 ③ 恐慌 ④ 懶怠

17. 이익을 얻기 위하여 어떤 일이나 사업에 자본을 대거나 시간이나 정성을 쏟음
    ① 實踐 ② 比率 ③ 投資 ④ 妥協

18. 어떤 범위 안에서 쓰이는 낱말을 모아서 일정한 순서로 배열하여 싣고 그 각각의 발음, 의미, 어원, 용법 따위를 해설한 책
    ① 辭典 ② 選擇 ③ 維新 ④ 音韻

19. 사람의 마음에 일어나는 여러 가지 감정, 또는 감정을 불러일으키는 기분이나 분위기
    ① 慈悲 ② 尊嚴 ③ 情緒 ④ 追憶

20. 우월한 군사력과 경제력으로 다른 나라나 민족을 정벌하여 대국가를 건설하려는 침략주의적 경향
    ① 排他主義   ② 帝國主義
    ③ 絶對王政   ④ 祭政一致

21. 지도에서의 거리와 지표에서의 실제 거리와의 비율
    ① 慣性 ② 氣孔 ③ 縮尺 ④ 推薦

22. 음악, 무용, 연극 따위를 많은 사람 앞에서 보이는 일
    ① 公演 ② 俳優 ③ 臺本 ④ 描寫

23. 사물 따위가 서로 이어져 있는 관계나 연관
    ① 踏査 ② 脈絡 ③ 志操 ④ 寡占

■ 다음 문장 중 (   ) 안에 들어갈 한자어로 알맞은 것은?

24. 그는 (   )와 절약의 미덕을 지켰고 나는 사치와 소비를 일삼았다.
    ① 儉素 ② 金融 ③ 肯定 ④ 配慮

25. 석탄 (   )가 부진하여 거의 모든 탄광이 적자에 시달리고 있다.
    ① 趣向 ② 分斷 ③ 常識 ④ 販賣

26. 이 계획이 (   )되려면 많은 노력이 따라야 할 것이다.
    ① 比較 ② 實踐 ③ 聯想 ④ 豫見

27. 그는 (   ) 시간을 활용하여 운동을 한다.
    ① 分析 ② 餘暇 ③ 趣向 ④ 效率

1회 한자자격시험 4급 예상문제

28. 성실과 (　　) 으로 맡은 바 직분을 다해야 한다.
① 寬容　② 葛藤　③ 勤勉　④ 納稅

29. 아이들은 (　　)을 통해 사회 규범을 익혀 나간다.
① 描寫　② 慣性　③ 導體　④ 模倣

30. 위험이 닥쳤을 때 어머니가 아이를 감싸 안는 것은 (　　) 적 본능이다.
① 脈絡　② 嗜好　③ 反射　④ 反映

주관식 (31~100번)

■ 다음 한자의 훈음을 쓰시오.

31. 燈 (　　)　32. 蟲 (　　)
33. 松 (　　)　34. 散 (　　)
35. 引 (　　)　36. 誤 (　　)
37. 舌 (　　)　38. 想 (　　)
39. 希 (　　)　40. 戶 (　　)
41. 巨 (　　)　42. 快 (　　)
43. 壬 (　　)　44. 申 (　　)
45. 旅 (　　)

■ 다음 □ 안에 공통으로 들어갈 한자를 <보기>에서 찾아 쓰시오.

보기	經 拜 處 適 密 唱

46. □路, □書, 神□　(　　)
47. 合□, 愛□, □歌　(　　)
48. □林, □接, □集　(　　)
49. □方, □所, □女　(　　)

■ [가로열쇠]와 [세로열쇠]를 읽고, 빈칸에 공통으로 들어갈 한자를 쓰시오.

50. 英 / 大
- 가로열쇠: 지혜와 재능이 뛰어나고 용맹하여 어려운 일을 해내는 사람
- 세로열쇠: 웅장하고 큼

51. 競 / 者
- 가로열쇠: 달리는 사람
- 세로열쇠: 일정한 거리를 달려 빠르기를 겨루는 일

52. 作 / 線
- 가로열쇠: 음악 작품을 창작하는 일
- 세로열쇠: 모나지 아니하고 부드럽게 굽은 선

■ 다음 한자어의 독음을 쓰시오.

53. 詩句 (　　)　54. 鐵絲 (　　)
55. 首尾 (　　)　56. 限界 (　　)
57. 原則 (　　)　58. 精誠 (　　)
59. 謝禮 (　　)　60. 舍屋 (　　)
61. 純益 (　　)　62. 解除 (　　)
63. 禁止 (　　)　64. 巨大 (　　)
65. 景致 (　　)　66. 申請 (　　)
67. 請願 (　　)

■ 다음 글을 읽고 밑줄 친 부분이 뜻하는 한자를 <보기>에서 찾아 쓰시오.

어느 양치기 소년이 마을 근처에서 양떼를 68)돌보고 있었다. 심심했던 그는 마을 사람들을 속이면 매우 재미있을 것이라 69)생각했다. 그래서 그는 늑대가 양을 70)공격하고 있다고 71)거짓말을 하기로 마음먹었다. 소년이 "늑대다! 늑대다!"라고 외치자 마을 사람들이 달려왔다. 그 모습을 보고 소년은 사람들의 72)수고를 비웃었다. 이런 일이 여러 번 반복되자 마을 사람들도 자신들이 속고 있다는 것을 73)알게 되었다. 그러던 어느 날 정말로 늑대가 나타났다. 소년은 "늑대다!"라고 목이 터지도록 외쳤지만 사람들은 그의 거짓 74)부름에 너무 익숙해져서 신경조차 쓰지 않았다. 소년은 결국 자신의 경솔한 행동들을 뉘우칠 수밖에 없었다.

보기	伐 呼 勞 防 假 看 想 復 認

68. (　　)　69. (　　)
70. (　　)　71. (　　)
72. (　　)　73. (　　)
74. (　　)

1회 한자자격시험 4급 예상문제

■ 다음 문장 중 한자어의 독음을 쓰시오.

75. 환경이 변화함에 따라 **突然變異** 식물이 나타나고 있다.
( )

76. 학자로서 그가 한 행동은 **常識** 밖의 것이었다.
( )

77. 불우한 이웃들의 문제를 그들 개인의 **責任**으로만 돌릴
수는 없다. ( )

78. 흡연자가 후두암에 걸릴 **確率**이 비흡연자보다 훨씬 높은
것으로 나타났다. ( )

79. 대규모 **干拓** 사업으로 경작 면적을 넓혔다. ( )

80. 사람이 위급한 상황에 처하게 되면 평소에는 생각하기
어려운 **機智**와 용기가 생기게 마련이다. ( )

81. 문제아로 매일 지적받다 보니 선생님의 꾸지람에도 이미
免疫이 되었다. ( )

82. 아내는 노국 공주 못지않게 남편을 **恭敬**했고 남편은
나라님 못지않게 아내를 사랑했다. ( )

83. 사회가 부패하니 **維新**이 필요하다. ( )

84. 그는 타인들의 공포 **症候群**을 구경하는 방관자였다.
( )

85. 우리말에서 조사나 어미는 형식 **形態素**이다. ( )

86. 전세금 문제가 아직 주인과 **妥協**되지 않았기 때문에
이사를 갈 수 없다. ( )

87. 아버지는 매일 아침 **散策** 삼아 마을 뒷산에서 약수를 떠
오신다. ( )

■ 다음 문장 중 ( ) 안의 단어를 한자로 쓰시오.

88. 국회의원 (선거) 개표 결과가 나왔다. ( )

89. 국제 전화는 국내 전화에 비해 (요금)이 훨씬 비싸다.
( )

90. 세계 시장을 석권하려는 반도체 업체들 간의 (경쟁)이
달아오르고 있다. ( )

91. 그의 목소리에는 (비음)이 섞여 있다. ( )

92. 학생들의 창의성을 (존중)하는 교육이 절실하다.
( )

93. 오늘 저녁 식사가 (충분)치 못하다. ( )

■ 다음 문장 중 한자어의 잘못된 글자를 바르게 고쳐 쓰시오.

94. 출근길 지하철은 항상 **滿願**이어서 사람들이 바삐 움직
인다. (→)

95. 어려운 경제 난국은 국민들의 **協洞**으로 이겨낼 수 있다.
(→)

■ 다음 한자성어의 설명을 읽고 □ 안에 들어갈 알맞은
한자를 〈보기〉에서 찾아 쓰시오.

보기 | 結 産 夕 敗 有 貝 石 者 亡 骨 山 寒 望 身

96. 鷄卵□□ (,)

의미 | '계란에 뼈가 있다'는 뜻으로, 운이 나쁜 사람은 모처럼
좋은 기회가 와도 일이 잘 안 풀림

97. 脣□齒□ (,)

의미 | '입술이 없어지면 이가 시리다'는 뜻으로, 가까이 있는
둘 중의 하나가 망하면 다른 하나도 위태로워짐

98. □家亡□ (,)

의미 | 집안의 재산을 탕진하고 몸을 망침

99. 他□之□ (,)

의미 | '다른 산의 돌'이라는 뜻으로, 다른 산에서 나는 거칠고
나쁜 돌이라도 숫돌로 쓰면 자기의 옥을 갈 수가
있으므로, 다른 사람의 하찮은 언행이라도 자기의
지덕을 닦는 데 도움이 됨을 비유해 이르는 말

100. □□解之 (,)

의미 | '맺은 사람이 그것을 풀어야 한다'는 뜻으로, 일을 벌인
사람이 그 일을 마무리해야 함

2회 한자자격시험 4급 예상문제

객관식 (1~30번)

■ 다음 [ ] 안의 한자와 음이 같은 한자는?

1. [聲] ① 甲   ② 致   ③ 産   ④ 盛
2. [舍] ① 寺   ② 中   ③ 政   ④ 果
3. [朱] ① 走   ② 戶   ③ 理   ④ 母
4. [看] ① 居   ② 干   ③ 丙   ④ 忍
5. [句] ① 告   ② 救   ③ 景   ④ 癸

■ 다음 [ ] 안의 한자와 뜻이 상대(반대)되는 한자는?

6. [貧] ① 社   ② 保   ③ 富   ④ 仁
7. [冷] ① 發   ② 芳   ③ 溫   ④ 間
8. [非] ① 密   ② 復   ③ 敬   ④ 是

■ 다음 [ ] 안의 한자와 뜻이 비슷한 한자는?

9. [造] ① 製   ② 硏   ③ 己   ④ 捨
10. [除] ① 修   ② 減   ③ 拾   ④ 祖

■ 다음 <보기>의 낱말들과 가장 관련이 깊은 한자는?

11. 보기 | 척추   칼슘   마디
    ① 骨   ② 佛   ③ 指   ④ 妙

12. 보기 | 금줄   신호등   담배
    ① 列   ② 禁   ③ 達   ④ 悲

13. 보기 | 결혼   우승   잔치
    ① 婚   ② 區   ③ 慶   ④ 治

■ 다음 설명이 뜻하는 한자어는?

14. 오랫동안 누적된 변형 에너지가 갑자기 방출되면서 지각이 흔들리는 일
    ① 地層   ② 磁力   ③ 地震   ④ 函數

15. 대도시 시가지 주변에 형성되어 도심의 기능을 대체하는 부차적인 중심지
    ① 潮境水域   ② 衛星都市
    ③ 多元社會   ④ 副都心

16. 몇몇 기업이 어떤 상품 시장의 대부분을 지배하는 상태
    ① 寡占   ② 經濟   ③ 金融   ④ 預金

17. 열 또는 전기의 전도율이 비교적 큰 물체를 통틀어 이르는 말
    ① 媒體   ② 導體   ③ 可採   ④ 摩擦

18. 곡식을 서로 바꿈
    ① 交替   ② 還穀   ③ 脫穀   ④ 交換

19. 성품과 행실이 높고 맑으며, 탐욕이 없음
    ① 淸廉   ② 追憶   ③ 慈悲   ④ 聯想

20. 조선시대에, 이념과 이해에 따라 이루어진 사림의 집단을 이르던 말
    ① 企業   ② 血緣   ③ 背景   ④ 朋黨

21. 넓은 지역에 걸쳐 있는, 수평 방향으로 거의 같은 성질을 가진 공기 덩어리
    ① 氣孔   ② 氣團   ③ 氣壓   ④ 氣體

22. 식물체 안의 수분이 수증기가 되어 공기 중으로 나옴
    ① 發顯   ② 奮發   ③ 蒸散   ④ 紐帶

23. 군주가 어떠한 법률이나 기관에도 구속받지 않는 절대적 권한을 가지는 체제
    ① 排他主義   ② 帝國主義
    ③ 絕對王政   ④ 祭政一致

■ 다음 문장 중 ( ) 안에 들어갈 한자어로 알맞은 것은?

24. 국고가 빈다면 (   )한 왕실의 권위를 유지하기 어렵다.
    ① 恭敬   ② 選擇   ③ 尊嚴   ④ 情緒

25. 어떤 점쟁이라도 미래를 정확히 (   )할 수는 없다.
    ① 豫見   ② 推薦   ③ 招聘   ④ 比較

26. 이번 한 번만 (   )을 베풀어 주시면 개과천선하겠습니다.
    ① 慣用   ② 反映   ③ 寬容   ④ 慣性

27. 이곳의 (   ) 석탄 매장량은 무려 50톤 가까이 된다.
    ① 環境   ② 抵抗   ③ 可採   ④ 質量

2회 한자자격시험 4급 예상문제

28. 그는 자신이 경찰인 것에 (   )를 가지고 있다.
    ① 矜持   ② 背景   ③ 肯定   ④ 趣味

29. 그는 (   )한 생활을 청산하고 새 사람이 되었다.
    ① 配慮   ② 誇張   ③ 放縱   ④ 天賦

30. 심한 홍수장면을 보면서 나는 노아의 홍수를 (   )했다.
    ① 聯想   ② 追憶   ③ 象徵   ④ 分析

주관식 (31~100번)

■ 다음 한자의 훈음을 쓰시오.

31. 骨 (   )　　32. 烈 (   )
33. 保 (   )　　34. 拜 (   )
35. 律 (   )　　36. 着 (   )
37. 依 (   )　　38. 乙 (   )
39. 權 (   )　　40. 戌 (   )
41. 冊 (   )　　42. 將 (   )
43. 拾 (   )　　44. 協 (   )
45. 片 (   )

■ 다음 □ 안에 공통으로 들어갈 한자를 〈보기〉에서 찾아 쓰시오.

보기	減 集 聖 怒 俗 精

46. □字 , 民□ , 風□　　(   )
47. □人 , □地 , □君　　(   )
48. □氣 , □誠 , □神　　(   )
49. □散 , □中 , 雲□　　(   )

■ [가로열쇠]와 [세로열쇠]를 읽고, 빈칸에 공통으로 들어갈 한자를 쓰시오.

50.
歌	가로열쇠	축하의 뜻을 담은 노래
祭	세로열쇠	축하하여 벌이는 큰 규모의 행사

51.
他	가로열쇠	시골의 마을
村	세로열쇠	자기 고향이 아닌 고장

52.
電	가로열쇠	오던 전기가 끊어짐
車	세로열쇠	차를 멈춤

■ 다음 한자어의 독음을 쓰시오.

53. 月蝕 (   )　　54. 末尾 (   )
55. 慶福 (   )　　56. 科學 (   )
57. 暴惡 (   )　　58. 新婦 (   )
59. 謝罪 (   )　　60. 選定 (   )
61. 受容 (   )　　62. 待遇 (   )
63. 處女 (   )　　64. 隨筆 (   )
65. 財貨 (   )　　66. 傳承 (   )
67. 連續 (   )

■ 다음 글을 읽고 밑줄 친 부분이 뜻하는 한자를 〈보기〉에서 찾아 쓰시오.

단발령(斷髮令)은 고종 32년인 1895년 11월 15일에 [68]공포한 성년 남자의 상투를 자르고 서양식 머리를 [69]하라는 내용이다.
단발의 [70]이유는 '위생에 이롭고 작업에 편리하기 때문'이라는 것이었다. 고종이 태자와 함께 먼저 머리를 자르고, 관리들과 백성들에게 단발하도록 했다. 그러나 일반 백성들에게 잘 받아들여지지 않았다. "손발은 자를지언정 머리는 못 자른다."는 유생들의 항의가 빗발쳤다. 유교 [71]윤리가 일반백성들의 생활과도 [72]밀접한 관계에 있는 조선사회에서는 "신체 · 머리털 · 살갗은 부모에게서 물려받은 것으로서 감히 훼손하지 않는 것이 효의 시작이다."라는 말 그대로, 머리를 길러 상투를 트는 것이 인륜의 기본인 효의 상징이라고 [73]생각하였다. 그러므로 단발령이 내려지자, 백성들은 [74]이것을 살아 있는 신체에 가해지는 박해로 받아들였다.

보기	乙 是 爲 布 想 倫 接 應 故

68. (   )　　69. (   )
70. (   )　　71. (   )
72. (   )　　73. (   )
74. (   )

2회 한자자격시험 4급 예상문제

■ 다음 문장 중 한자어의 독음을 쓰시오.

75. 訓詁學은 유학의 경전을 문자나 어구를 해석하여 연구하는 학문이다. (   )

76. 인간에 대한 공포의 감정이 불길에 대한 공포와 平衡을 이루었다. (   )

77. 생각을 효과적으로 표현하기 위해서는 알맞은 단어의 選擇이 필요하다. (   )

78. 예전에 있었던 끈끈한 紐帶를 지금 이곳에서는 찾아볼 수 없다. (   )

79. 현대인은 大衆媒體를 통해 방대한 양의 정보를 받아들인다. (   )

80. 우리나라의 자연은 자랑할 만한 價値가 있다. (   )

81. 揭示板에는 아직 먹물도 채 마르지 않은 방이 두 개나 붙어 있었다. (   )

82. 이곳의 巖石은 단단하고 색이 곱기로 유명해서 조경에 많이 쓰인다. (   )

83. 그는 遵法精神이 투철해서 항상 법을 준수한다. (   )

84. 이날 회담에서 討議된 내용은 전혀 밝혀지지 않았다. (   )

85. 소문난 집안의 아들이란 말은 좋게도 나쁘게도 해석할 수 있는 含蓄을 가졌다. (   )

86. 공공요금이 지난해와 같은 比率로 올랐다. (   )

87. 그의 고뇌와 절망이 어디에 根據하고 있는가를 충분히 짐작할 수 있었다. (   )

■ 다음 문장 중 (   ) 안의 단어를 한자로 쓰시오.

88. 최근 몇 군데에서 (청혼)이 들어왔다. (   )

89. 세력이 약한 정당이 (거대) 정당과 합당하였다. (   )

90. 소장 학자가 주축이 된 (진보) 학회다. (   )

91. 전등이 적어서 (실내)조명이 약하다. (   )

92. (필연) 무슨 곡절이 있는 것이 분명해. (   )

93. 좋다는 약은 모두 먹었으나 별 (효과)가 없었다. (   )

■ 다음 문장 중 한자어의 잘못된 글자를 바르게 고쳐 쓰시오.

94. 命節이 되면 많은 사람들이 고향을 찾는다. (→   )

95. 방학을 마친 학생들이 서로의 眼否를 묻고 있다. (→   )

■ 다음 한자성어의 설명을 읽고 □ 안에 들어갈 알맞은 한자를 〈보기〉에서 찾아 쓰시오.

| 보기 | 千 春 必 天 鼻 相 肉 萬 想 言 筆 有 由 三 |

96. □秋□法   (,   )
의미: 5경의 하나인 《춘추》와 같이 비판의 태도가 썩 엄정함을 이르는 말. 또는 대의명분을 밝혀 세우는 사필 준엄한 논법

97. □辛□苦   (,   )
의미: '여러가지 맵고 쓴 맛'이라는 뜻으로, 온갖 고생을 겪은 경우

98. 骨□□爭   (,   )
의미: '뼈와 살이 서로 다툰다'는 뜻으로, 같은 민족끼리 서로 싸움

99. □中□骨   (,   )
의미: '말 가운데 뼈가 있다'는 뜻으로, 예사로운 말 속에 단단한 속뜻이 들어있음을 이르는 말

100. 吾□□尺   (,   )
의미: '내 코가 석자'라는 뜻으로, 내 사정이 급하여 남을 돌볼 여유가 없음

3회 한자자격시험 4급 예상문제

객관식 (1~30번)

■ 다음 [ ] 안의 한자와 음이 같은 한자는?

1. [丹] ① 計 ② 單 ③ 主 ④ 京
2. [其] ① 虎 ② 起 ③ 步 ④ 智
3. [敵] ① 律 ② 名 ③ 適 ④ 壯
4. [酉] ① 五 ② 容 ③ 遺 ④ 女
5. [持] ① 指 ② 兆 ③ 敵 ④ 想

■ 다음 [ ] 안의 한자와 뜻이 상대(반대)되는 한자는?

6. [低] ① 協 ② 悲 ③ 精 ④ 高
7. [假] ① 眉 ② 眞 ③ 千 ④ 逆
8. [私] ① 公 ② 得 ③ 眞 ④ 若

■ 다음 [ ] 안의 한자와 뜻이 비슷한 한자는?

9. [連] ① 接 ② 易 ③ 決 ④ 佳
10. [訪] ① 聞 ② 怒 ③ 探 ④ 壬

■ 다음 〈보기〉의 낱말들과 가장 관련이 깊은 한자는?

11. 보기 | 병마개 | 방패 | 선글라스 |
    ① 巨 ② 接 ③ 列 ④ 防

12. 보기 | 씨름 | 송편 | 풍물굿 |
    ① 更 ② 片 ③ 豆 ④ 俗

13. 보기 | 해 | 하늘 | 마르다 |
    ① 拜 ② 冊 ③ 乾 ④ 喜

■ 다음 설명이 뜻하는 한자어는?

14. 국가 간의 권리와 의무를 국가 간의 합의에 따라 법적 구속을 받도록 규정하는 행위
    ① 條約 ② 貿易 ③ 象徵 ④ 中繼

15. 생물체를 이루는 기본 단위
    ① 血緣 ② 導體 ③ 細胞 ④ 宇宙

16. 말의 뜻을 구별하여 주는 소리의 가장 작은 단위
    ① 敍述 ② 形態素 ③ 音韻 ④ 標準語

17. 감각에 의하여 획득한 현상이 마음속에서 재생된 것
    ① 描寫 ② 心象 ③ 象徵 ④ 敍述

18. 제사와 정치가 같다는 사상, 또는 그런 정치 형태
    ① 排他主義   ② 帝國主義
    ③ 絶對王政   ④ 祭政一致

19. 얽혀 있거나 복잡한 것을 풀어서 개별적인 요소나 성질로 나눔
    ① 分析 ② 比較 ③ 比喻 ④ 討議

20. 헌법의 범위를 벗어나 국가 기초, 사회 제도, 경제 제도, 조직 따위를 근본적으로 고치는 일
    ① 考證 ② 排他 ③ 革命 ④ 踏査

21. 생활에 필요한 재화나 용역을 생산·분배·소비하는 모든 활동, 또는 그것을 통하여 이루어지는 사회적 관계
    ① 投票 ② 經濟 ③ 貿易 ④ 條約

22. 묻어서 감춤
    ① 埋藏 ② 殉葬 ③ 火葬 ④ 發掘

23. 어떤 재화나 용역을 일정한 가격으로 사려고 하는 욕구
    ① 貿易 ② 消費 ③ 需要 ④ 輸入

■ 다음 문장 중 ( ) 안에 들어갈 한자어로 알맞은 것은?

24. 한민족은 남북 (   )의 시련을 겪어야 했다.
    ① 配慮 ② 革命 ③ 妥協 ④ 分斷

25. 음식은 각자의 (   )에 따라 선택하면 된다.
    ① 趣向 ② 情緒 ③ 豫見 ④ 實踐

26. 형에 대한 (   )적인 애정은 이미 오래전에 깨끗하게 청산하였다.
    ① 疏通 ② 平衡 ③ 血緣 ④ 制度

27. 이번 조치에 찬성하는 (   )이 지배적이다.
    ① 輿論 ② 連帶 ③ 主義 ④ 絶對

3회 한자자격시험 4급 예상문제

28. 그는 조그마한 이익에 눈이 어두워져 사법인의 (   )를 내팽개쳤다.
    ① 志操 ② 信賴 ③ 信託 ④ 慈悲

29. 이 법의 존속 여부는 시민들의 (   ) 결과에 따라 결정해야 한다.
    ① 王政 ② 裁判 ③ 投票 ④ 政治

30. 학교와 기업이 상부하면 일의 (   )을 높일 수 있다.
    ① 比率 ② 確率 ③ 效率 ④ 比較

주관식 (31~100번)

■ 다음 한자의 훈음을 쓰시오.

31. 益 (   )   32. 判 (   )
33. 雄 (   )   34. 甲 (   )
35. 若 (   )   36. 乃 (   )
37. 丙 (   )   38. 務 (   )
39. 句 (   )   40. 忘 (   )
41. 謝 (   )   42. 榮 (   )
43. 節 (   )   44. 最 (   )
45. 興 (   )

■ 다음 □ 안에 공통으로 들어갈 한자를 〈보기〉에서 찾아 쓰시오.

보기	烈 練 察 爲 最 問

46. 行□, 當□, □主   (   )
47. 省□, 視□, 觀□   (   )
48. 訪□, 質□, □安   (   )
49. □士, 熱□, 先□   (   )

■ [가로열쇠]와 [세로열쇠]를 읽고, 빈칸에 공통으로 들어갈 한자를 쓰시오.

50.

	冊	가로열쇠	더위를 막기 위해 실내의 온도를 낮추는 일
	冷	세로열쇠	책을 갖추어 놓고 팔거나 사는 가게

51.

	特	가로열쇠	가장 잘하는 재주
	長	세로열쇠	남이 가지지 못한 특별한 기능

52.

	無	가로열쇠	미리 한정하여 놓은 시기
	期	세로열쇠	제한이나 한계가 없음

■ 다음 한자어의 독음을 쓰시오.

53. 減量 (   )   54. 適應 (   )
55. 均等 (   )   56. 移住 (   )
57. 希望 (   )   58. 恩惠 (   )
59. 官舍 (   )   60. 律法 (   )
61. 觀衆 (   )   62. 給與 (   )
63. 誤判 (   )   64. 舌戰 (   )
65. 印朱 (   )   66. 申告 (   )
67. 協同 (   )

■ 다음 글을 읽고 밑줄 친 부분이 뜻하는 한자를 〈보기〉에서 찾아 쓰시오.

충무공 이순신은 조선시대 [68]장군으로, 28살에 무인 [69]선발시험인 훈련원별과에 응시했으나, [70]달리던 말에서 떨어지는 통에 실격하였고, 4년 뒤인 1576년 무과에 [71]급제하여 권지훈련원봉사로 처음 [72]벼슬을 시작했다. 사대부가의 전통인 충효와 문학에 있어서 뛰어났을 뿐 아니라 시(詩)를 짓는 데도 특출하였다. 47세되던 해에 전라좌도 수군절도사가 되었으며, 이때 곧 [73]적의 침입이 있을 것에 대비하여 여수를 중심으로 배를 만들고 군비를 늘리는 등 일본의 침략에 대처하였다.
1592년 임진왜란이 일어나자 '옥포대첩', 거북선이 [74]가장 처음으로 모습을 드러낸 '노량진해전', '당항포해전', '한산대첩' 등 곳곳에서 전승을 거두었고, 1597년 정유재란 때에는 '명량대첩' 등에서 승리를 거두었다.

보기	將 遺 走 敵 官 選 最 及 久

68. (   )   69. (   )
70. (   )   71. (   )
72. (   )   73. (   )
74. (   )

3회 한자자격시험 4급 예상문제

■ 다음 문장 중 한자어의 독음을 쓰시오.

75. 국민에게는 **納稅**의 의무가 있다. (　　　)

76. 김 사장은 광고를 하고 매장을 호화롭게 꾸며야 **販賣**가 증가한다고 주장한다. (　　　)

77. 기행문은 여행한 과정을 통하여 보고 듣고 느낀 바를 **敍述**한 글이다. (　　　)

78. 그는 갑자기 생긴 **恐慌** 장애로 생활에 어려움을 겪고 있다. (　　　)

79. **考證學**은 옛 문헌에서 확실한 증거를 찾아 경서를 설명한다. (　　　)

80. 아이들 교육에 있어 지나친 **配慮**는 오히려 해가 된다. (　　　)

81. 학생들은 재야 단체와 **連帶**하여 대규모 시위를 벌였다. (　　　)

82. 적어도 우정을 나누는 친구끼리는 서로 뜻이 **疏通**되는 면이 있어야 한다. (　　　)

83. 나는 **抵抗**을 하지 않았지만 그렇다고 용서를 구걸하지도 않았다. (　　　)

84. 그 젊은이는 불우한 **環境** 속에서도 좌절하지 않고 열심히 살았다. (　　　)

85. 지나간 역사를 어둡다고 숨기거나 없는 것을 있다고 **誇張**해서는 안 된다. (　　　)

86. 그는 역사에 관심이 많아 유적지를 **踏査**하는 여행을 종종 떠나곤 한다. (　　　)

87. 그 법안에는 새 정부의 개혁 의지가 **反映**되어 있다. (　　　)

■ 다음 문장 중 (　) 안의 단어를 한자로 쓰시오.

88. 그래도 우리는 아직도 (희망)을 이야기해야 한다. (　　　)

89. (권세)가 등등한 세도가의 그 저택은 궁궐 같았다. (　　　)

90. 철제 농기구의 사용으로 (농경)이 발달하였다. (　　　)

91. 그 사건의 진실한 내막은 (간과)되고 말았다. (　　　)

92. 분명 그건 (영구) 보존되는 것입니다. (　　　)

93. 영업 (정지) 처분을 내리다. (　　　)

■ 다음 문장 중 한자어의 잘못된 글자를 바르게 고쳐 쓰시오.

94. 우리의 **速談**에는 삶의 지혜가 담겨져 있다.
(　　　→　　　)

95. 여름이 되면 전국 해수욕장에는 수많은 **印波**가 몰려든다.
(　　　→　　　)

■ 다음 한자성어의 설명을 읽고 □ 안에 들어갈 알맞은 한자를 〈보기〉에서 찾아 쓰시오.

보기	馬 指 間 直 之 重 虎 單 言 中 爲 假

96. □呼之□　　　(　 ,　)

의미	손짓하여 부를 만큼 가까운 거리

97. □□復言　　　(　 ,　)

의미	'거듭 말하고 다시 말하다'는 뜻으로, 이미 한 말을 자꾸 되풀이하는 경우

98. 指鹿□□　　　(　 ,　)

의미	'사슴을 가리켜 말이라 하다'는 뜻으로, 윗사람을 농락하여 권세를 함부로 부림

99. 狐□□威　　　(　 ,　)

의미	'여우가 호랑이의 위세를 빌리다'는 뜻으로, 남의 권세에 붙어 위세를 부림

100. □刀□入　　　(　 ,　)

의미	'혼자서 칼 한 자루를 들고 적진으로 곧장 쳐들어 간다'는 뜻으로, 여러 말을 늘어놓지 아니하고 바로 요점이나 본문제를 중심적으로 말함

4회 한자자격시험 4급 예상문제

객관식 (1~30번)

■ 다음 [ ] 안의 한자와 음이 같은 한자는?

1. [祭] ① 惠 ② 家 ③ 老 ④ 除
2. [貨] ① 反 ② 針 ③ 畵 ④ 禮
3. [私] ① 邦 ② 謝 ③ 目 ④ 曲
4. [非] ① 鼻 ② 位 ③ 昇 ④ 惠
5. [房] ① 皮 ② 述 ③ 訪 ④ 手

■ 다음 [ ] 안의 한자와 뜻이 상대(반대)되는 한자는?

6. [坐] ① 伐 ② 由 ③ 起 ④ 波
7. [着] ① 先 ② 集 ③ 伏 ④ 發
8. [伐] ① 主 ② 防 ③ 空 ④ 片

■ 다음 [ ] 안의 한자와 뜻이 비슷한 한자는?

9. [徒] ① 衆 ② 英 ③ 求 ④ 因
10. [增] ① 壬 ② 看 ③ 絲 ④ 益

■ 다음 <보기>의 낱말들과 가장 관련이 깊은 한자는?

11. 보기 | 교과서 | 잡지 | 도서관
    ① 卯 ② 冊 ③ 與 ④ 決

12. 보기 | 거짓말 | 속임수 | 모조품
    ① 無 ② 假 ③ 松 ④ 燈

13. 보기 | 사우나 | 타월 | 남탕
    ① 位 ② 故 ③ 浴 ④ 眼

■ 다음 설명이 뜻하는 한자어는?

14. 개인이나 집단 사이에 목표나 이해관계가 달라 서로 적대시하거나 불화를 일으키는 상태
    ① 懶怠 ② 反射 ③ 葛藤 ④ 討論

15. 공손히 받들어 모심
    ① 尊嚴 ② 恭敬 ③ 價値 ④ 儉素

16. 거리낌 없이 제멋대로 행동함
    ① 濃度 ② 趣向 ③ 含蓄 ④ 放縱

17. 물체가 밖의 힘을 받지 않는 한 정지 또는 등속도 운동의 상태를 지속하려는 성질
    ① 理性 ② 呼應 ③ 慣性 ④ 自律

18. 명령의 뜻을 기록한 서장
    ① 令狀 ② 書翰 ③ 訃告 ④ 書札

19. 일정한 계약에 의하여 은행이나 우체국 따위에 돈을 맡기는 일
    ① 預金 ② 誓約 ③ 保管 ④ 需要

20. 생각한 바를 실제로 행함
    ① 情緖 ② 踏査 ③ 隱語 ④ 實踐

21. 사물이 한쪽으로 기울지 않고 안정해 있음
    ① 分斷 ② 維新 ③ 平衡 ④ 秩序

22. 금전을 융통하는 일
    ① 貯蓄 ② 勤務 ③ 金融 ④ 收集

23. 연극의 상연이나 영화 제작에 있어서 기본이 되는 글
    ① 公演 ② 臺本 ③ 舞臺 ④ 描寫

■ 다음 문장 중 ( ) 안에 들어갈 한자어로 알맞은 것은?

24. 그는 미래를 (　　)적으로 보고 항상 희망과 의욕에 차서 살아간다.
    ① 自律 ② 誇張 ③ 肯定 ④ 呼應

25. 사랑의 (　　)라는 것이 꼭 사귀는 시간과 비례하는 건 아니라고 생각한다.
    ① 氣壓 ② 濃度 ③ 確率 ④ 尊嚴

26. 언니는 그 남자의 얼굴을 동물로 (　　)했다.
    ① 描寫 ② 妥協 ③ 納稅 ④ 條約

27. 김 교수는 자신이 평생 모은 물품들을 (　　)에 기증했다.
    ① 條約 ② 揭示板 ③ 官廳 ④ 博物館

4회 한자자격시험 4급 예상문제

28. 대학 입시에서 내신의 (　　) 비율이 높아졌다.
① 反映　　② 反射　　③ 抽出　　④ 拔萃

29. 그 소설은 조선 후기를 (　　)으로 한 작품이다.
① 俳優　　② 臺本　　③ 導體　　④ 背景

30. 예방 주사를 맞은 사람은 그 병에 (　　)이 되었다.
① 干拓　　② 恐慌　　③ 免疫　　④ 感染

주관식 (31~100번)

■ 다음 한자의 훈음을 쓰시오.

31. 波 (　　　　)　　　32. 庚 (　　　　)

33. 徒 (　　　　)　　　34. 練 (　　　　)

35. 斗 (　　　　)　　　36. 聖 (　　　　)

37. 遇 (　　　　)　　　38. 除 (　　　　)

39. 稅 (　　　　)　　　40. 暴 (　　　　)

41. 呼 (　　　　)　　　42. 偉 (　　　　)

43. 修 (　　　　)　　　44. 雄 (　　　　)

45. 非 (　　　　)

■ 다음 □ 안에 공통으로 들어갈 한자를 〈보기〉에서 찾아 쓰시오.

보기	慶　妙　想　走　徒　滿

46. □行, □力, 競□　　　(　　　　)

47. □技, □案, □味　　　(　　　　)

48. □念, 理□, 思□　　　(　　　　)

49. □開, □足, □船　　　(　　　　)

■ [가로열쇠]와 [세로열쇠]를 읽고, 빈칸에 공통으로 들어갈 한자를 쓰시오.

50.

	假	가로열쇠	이름을 부름
呼		세로열쇠	실제의 자기 이름이 아닌 이름

51.

品		가로열쇠	물건의 성질과 바탕
	問	세로열쇠	모르거나 의심나는 점을 물음

52.

道		가로열쇠	사람으로서 지켜야 할 도리
	談	세로열쇠	상대편에게 잘되기를 비는 말이나 인사

■ 다음 한자어의 독음을 쓰시오.

53. 危害 (　　　)　　54. 純眞 (　　　)

55. 面接 (　　　)　　56. 丹靑 (　　　)

57. 財貨 (　　　)　　58. 遺骨 (　　　)

59. 指示 (　　　)　　60. 殉葬 (　　　)

61. 葉書 (　　　)　　62. 餘波 (　　　)

63. 與否 (　　　)　　64. 發端 (　　　)

65. 恩師 (　　　)　　66. 細密 (　　　)

67. 俗談 (　　　)

■ 다음 글을 읽고 밑줄 친 부분이 뜻하는 한자를 〈보기〉에서 찾아 쓰시오.

국정조사는 국회 차원에서 중요한 현안에 대해 진상규명과 조사를 할 수 있는, '국정감사 및 조사에 관한 68)법률'에 의거한 제도이다.
국회의 국정조사권에는 절대적 69)한계와 상대적 한계가 있다. 절대적 한계는 국회의 권한에 속하지 않는 사항에 대한 조사를 70)금지하는 것이며, 상대적 한계는 증인의 기본권 보장이라든지 사생활의 71)보호를 위한 한계 등이다. 또한 사법권의 72)독립을 침해해서는 안 되며 국정의 특별한 분야에 한하여 개별적으로 해당 상임위원회나 특별조사만이 가능하고, 국정 전반에 관한 일반 조사는 73)인정되지 74)아니한다.

보기	保　禁　非　限　散　獨　陰　律　認

68. (　　　　)　　　69. (　　　　)

70. (　　　　)　　　71. (　　　　)

72. (　　　　)　　　73. (　　　　)

74. (　　　　)

4회 한자자격시험 4급 예상문제

■ 다음 문장 중 한자어의 독음을 쓰시오.

75. 이달 말일 우리나라에서 皆旣月蝕을 볼 수 있다.
( )

76. 자기만을 고집하고 남을 무조건 거부하는 排他主義는 사회 발전의 독소가 된다. ( )

77. 연금 제도는 노후 福祉를 위한 것이다. ( )

78. 무서운 정적과 현란한 색조의 대조는 번뇌와 해탈을 동시에 象徵하고 있는 것 같은 느낌을 주었다.
( )

79. 중국 송나라에서 대성악이 輸入되어 궁중 음악으로 발달하였다. ( )

80. 할머니는 웬일인지 요즈막 자꾸만 慈悲한 맘이 들었다.
( )

81. 나는 戱曲 작품 읽는 것을 좋아한다. ( )

82. 개발비에 投資한 만큼 큰 성과를 보지 못하였다.
( )

83. 상당한 양보와 妥協에도 불구하고 양측은 여전히 팽팽하게 대립하고 있다. ( )

84. 이 지역은 지하수 汚染이 심각한 상태이다. ( )

85. 그들은 消費가 미덕이라는 사치 풍조를 조장하고 있다.
( )

86. 법정 스님은 승려인 동시에 유명한 隨筆 작가이기도 하다. ( )

87. 서울 주위의 성남시·과천시·안양시 등은 대표적인 衛星都市이다. ( )

■ 다음 문장 중 ( ) 안의 단어를 한자로 쓰시오.

88. 한양이 아닌 (향촌)에 있는 학자들을 등용하여야 한다.
( )

89. 엄지손가락에 (인주)를 묻혀 지장을 찍었다. ( )

90. 이번 사업의 (중요)성을 명심하거라. ( )

91. 그녀는 행동이 예의 바르고 용모는 (단정)하였다.
( )

92. 교육부에서는 여러 (연구) 단체를 지원하였다. ( )

93. 차례를 지낼 때에는 (절차)에 맞게 진행해야 한다.
( )

■ 다음 문장 중 한자어의 잘못된 글자를 바르게 고쳐 쓰시오.

94. 집중 호우가 많은 여름철 피서에는 溪曲에서 항상 주의하여야 한다. (→)

95. 청소년들은 많은 希亡을 꿈꾸며 산다. (→)

■ 다음 한자성어의 설명을 읽고 □ 안에 들어갈 알맞은 한자를 〈보기〉에서 찾아 쓰시오.

보기 | 夫 無 同 坐 井 父 天 安 床 人 婦 座 東 舞

96. 坐□觀□ (,)

의미 '우물 속에 앉아서 하늘을 본다'는 뜻으로, 사람의 견문(見聞)이 매우 좁음을 이르는 말

97. □不□席 (,)

의미 '앉아도 자리가 편안하지 않다'는 뜻으로, 불안하거나 걱정스러워서 한군데에 가만히 앉아 있지 못하고 안절부절못하는 모양을 이르는 말

98. □□異夢 (,)

의미 '같은 잠자리에서 다른 꿈을 꾼다'는 뜻으로, 겉으로는 같은 행동을 하면서도 속으로는 각각 다른 생각을 하고 있음

99. 傍若□□ (,)

의미 '곁에 사람이 없는 것 같다'는 뜻으로, 남을 의식하지 않고 거리낌 없이 함부로 행동함

100. □唱□隨 (,)

의미 '남편이 창을 하면 아내도 따라 한다'는 뜻으로, 남편의 주장에 아내가 따르는 것이 부부 화합의 도리임을 이르는 말

5회 한자자격시험 4급 예상문제

객관식 (1~30번)

■ 다음 [ ] 안의 한자와 음이 같은 한자는?

1. [妙] ① 卯 ② 内 ③ 丹 ④ 慮
2. [聲] ① 誠 ② 萬 ③ 房 ④ 事
3. [街] ① 去 ② 安 ③ 場 ④ 假
4. [久] ① 告 ② 角 ③ 起 ④ 舊
5. [辛] ① 件 ② 行 ③ 勢 ④ 申

■ 다음 [ ] 안의 한자와 뜻이 상대(반대)되는 한자는?

6. [鄕] ① 的 ② 京 ③ 武 ④ 集
7. [順] ① 申 ② 症 ③ 逆 ④ 年
8. [減] ① 進 ② 取 ③ 增 ④ 判

■ 다음 [ ] 안의 한자와 뜻이 비슷한 한자는?

9. [算] ① 射 ② 計 ③ 建 ④ 島
10. [爭] ① 競 ② 調 ③ 負 ④ 干

■ 다음 〈보기〉의 낱말들과 가장 관련이 깊은 한자는?

11. 보기 | 반지 | 마디 | 손톱 |
    ① 指 ② 女 ③ 片 ④ 種

12. 보기 | 하하하 | 유머 | 개그맨 |
    ① 齒 ② 笑 ③ 節 ④ 協

13. 보기 | 안과 | 시력 | 빛 |
    ① 豆 ② 列 ③ 武 ④ 眼

■ 다음 설명이 뜻하는 한자어는?

14. 사치하지 않고 꾸밈없이 수수함
    ① 儉素 ② 懶怠 ③ 檢閱 ④ 純粹

15. 겉으로 드러내지 아니하고 속에 간직함
    ① 含蓄 ② 比喩 ③ 模倣 ④ 象徵

16. 차례, 위치, 이치, 가치관 따위가 뒤바뀌어 원래와 달리 거꾸로 됨
    ① 交替 ② 旋回 ③ 回轉 ④ 顚倒

17. 휴식을 취하거나 건강을 위해서 천천히 걷는 일
    ① 餘暇 ② 運動 ③ 散策 ④ 競走

18. 남의 잘못을 너그럽게 받아들이거나 용서함
    ① 心象 ② 埋藏 ③ 慣性 ④ 寬容

19. 영리를 얻기 위하여 재화나 용역을 생산하고 판매하는 조직체
    ① 國家 ② 家庭 ③ 企業 ④ 社會

20. 즐기고 좋아함
    ① 價値 ② 嗜好 ③ 輸入 ④ 納稅

21. 자신의 능력을 믿음으로써 가지는 당당함
    ① 矜持 ② 信託 ③ 信賴 ④ 自律

22. 다른 것을 본뜨거나 본받음
    ① 抽出 ② 描寫 ③ 翠微 ④ 模倣

23. 육지에 면한 바다나 호수의 일부를 둑으로 막고, 그 안의 물을 빼내어 육지로 만드는 일
    ① 抽出 ② 隔差 ③ 干拓 ④ 埋藏

■ 다음 문장 중 ( ) 안에 들어갈 한자어로 알맞은 것은?

24. 그런 ( ) 없는 일에 너무 시간을 낭비하지 마라.
    ① 需要 ② 價値 ③ 價格 ④ 思想

25. 통신과 정보 수단의 발달은 지역 간의 ( )를 줄였다.
    ① 隔差 ② 平衡 ③ 國寶 ④ 濃度

26. 막을 올리기 한 달 전부터 단원들은 열심히 ( ) 준비를 했다.
    ① 貿易 ② 公演 ③ 經濟 ④ 反映

27. 그는 성격이 너무 ( )해서 맡은 일을 제때에 해내지 못한다.
    ① 慣性 ② 純粹 ③ 儉素 ④ 懶怠

5회 한자자격시험 4급 예상문제

28. 돈을 무조건 저축하고 움켜쥐기보다는 무엇인가 배우고 교양을 쌓는 데에 (　　)하고 싶다.
① 投資　② 預金　③ 金融　④ 經濟

29. 이 환자는 (　　)적인 안정이 필요하다.
① 聯想　② 情緒　③ 尊嚴　④ 心象

30. 그는 (　　)도 통하지 않는 말을 주절주절 지껄였다.
① 葛藤　② 恐慌　③ 脈絡　④ 放縱

주관식 (31~100번)

■ 다음 한자의 훈음을 쓰시오.

31. 佳 (　　)　　32. 端 (　　)
33. 均 (　　)　　34. 與 (　　)
35. 細 (　　)　　36. 接 (　　)
37. 若 (　　)　　38. 獨 (　　)
39. 辰 (　　)　　40. 兆 (　　)
41. 稅 (　　)　　42. 橋 (　　)
43. 取 (　　)　　44. 貨 (　　)
45. 其 (　　)

■ 다음 □ 안에 공통으로 들어갈 한자를 〈보기〉에서 찾아 쓰시오.

보기	請 細 變 盛 走 純

46. □行, □力, 競□　(　　)
47. 不□, □化, 急□　(　　)
48. 大□, 强□, 全□　(　　)
49. 要□, □求, □願　(　　)

■ [가로열쇠]와 [세로열쇠]를 읽고, 빈칸에 공통으로 들어갈 한자를 쓰시오.

50.
	鮮	가로열쇠	'앞날의 밝은 희망'을 비유하는 말, 밝고 환함
	光	세로열쇠	산뜻하고 밝음, 뚜렷함

51.
	感	가로열쇠	현실적이지 못하거나 실현될 가망이 없는 것을 막연히 생각됨
	空	세로열쇠	마음속에서 일어나는 느낌이나 생각

52.
	溪	가로열쇠	물이 흐르는 골짜기
	水	세로열쇠	골짜기의 물

■ 다음 한자어의 독음을 쓰시오.

53. 布告 (　　)　　54. 解脫 (　　)
55. 聽衆 (　　)　　56. 合唱 (　　)
57. 待遇 (　　)　　58. 着實 (　　)
59. 快擧 (　　)　　60. 列擧 (　　)
61. 佳作 (　　)　　62. 尊貴 (　　)
63. 序列 (　　)　　64. 電燈 (　　)
65. 鼻祖 (　　)　　66. 順番 (　　)
67. 歲拜 (　　)

■ 다음 글을 읽고 밑줄 친 부분이 뜻하는 한자를 〈보기〉에서 찾아 쓰시오.

68)옛날, 중국의 북산(北山)에 우공이라는 90세된 노인이 태행산(太行山)과 왕옥산(王屋山) 사이에 69)살고 있었다. 이 산은 사방이 700리, 높이가 만 길이나 되는 큰 산으로, 북쪽이 가로막혀 교통이 불편하였다. 우공이 어느 날 가족을 모아 놓고 말하였다. "저 험한 산을 평평하게 하여 예주(豫州)의 남쪽까지 곧장 길을 내는 동시에 한수(漢水)의 남쪽까지 갈 수 있도록 하겠다. 너희들 70)생각은 어떠하냐?" 모두 찬성하였으나 그의 아내만이 반대하며 말하였다. "당신 힘으로는 조그만 언덕 하나 파헤치기도 어려운데, 어찌 이 큰 산을 깎아내리려는 겁니까? 또, 파낸 흙은 어찌하시렵니까?" 우공은 흙은 발해(渤海)에다 버리겠다며 세 아들은 물론 손자들까지 데리고 돌을 깨고 흙을 파서 삼태기와 광주리 등으로 나르기 시작하였다. 황해 근처의 지수라는 사람이 그를 비71)웃었지만 우공은 "내 비록 앞날이 얼마 남지 않았으나 내가 죽으면 아들이 남을 테고, 아들은 손자를 낳고…… 이렇게 자자손손 72)이어가면 언젠가는 반드시 저 산이 평평해질 날이 오겠지." 하고 태연히 말하였다. 한편 두 산을 지키는 사신(蛇神)이 자신들의 거처가 없어질 형편이라 천제에게 호소하였더니, 천제는 우공의 우직함에 감동하여 역신(力神) 과아의 두 아들에게 명하여 두 산을 하나는 삭동(朔東)에, 또 하나는 옹남(雍南)에 73)옮겨 놓게 하였다고 74)한다.

보기	舊 想 申 爲 承 處 節 笑 移

5회 한자자격시험 4급 예상문제

68. (   )   69. (   )
70. (   )   71. (   )
72. (   )   73. (   )
74. (   )

■ 다음 문장 중 한자어의 독음을 쓰시오.

75. 주인의 차림도 집과 마찬가지로 **儉素**하였다. (   )

76. 현대 휴머니즘은 행동적인 색채와 **實踐**적인 성격이 강하다. (   )

77. **餘暇** 시간을 활용해 외국어 공부를 한다. (   )

78. **勤勉**은 그의 유일한 장점이다. (   )

79. 불빛이 **反射**되어 작은 거울은 오히려 빛이 쏟아져 들어오는 구멍처럼 보인다. (   )

80. **辭典**에 보면, 나그네란 제 고장을 떠나 딴 곳으로 가는 사람이라고 한다. (   )

81. **司法府**가 통치권자의 권력 남용에 대해 비난하고 나섰다. (   )

82. 그는 이런 애송이들과는 **比較**가 안 될 만큼 쓴맛 신맛 다 본 노장이었다. (   )

83. 지출이 **超過**되는 바람에 적자를 면하기 어렵게 되었다. (   )

84. 동물의 세계에도 엄격한 **秩序**가 있다. (   )

85. **裁判** 결과에 그의 향방이 결정된다. (   )

86. 어릴 때부터 형은 동생에 대해 **血緣**의 느낌을 가져 본 적이 없었다. (   )

87. 그 사람은 남을 웃기고 즐겁게 하는 데에 **天賦**적인 재능을 지녔다. (   )

■ 다음 문장 중 (   ) 안의 단어를 한자로 쓰시오.

88. 자연 재해 기간에는 사람들의 (구조)가 가장 중요한 일이다. (   )

89. 국민들은 점점 (정치)에서 관심을 돌리고 있다. (   )

90. 아파트에 새로운 (주부) 모임이 생겨 참여하게 되었다. (   )

91. 이번 선거를 통해 새로운 (민중)의식이 싹트게 되었다. (   )

92. 도시에 살면서 (인정)이 말라가는 것을 실감한다. (   )

93. 각질을 (제거)하는 좋은 방법이 없을까요? (   )

■ 다음 문장 중 한자어의 잘못된 글자를 바르게 고쳐 쓰시오.

94. 부모님은 어린 시절 **古鄕**의 향수를 그리워한다.
(→   )

95. 새 학년이 되면 새로운 **親敎**를 사귈 수 있어서 설레인다.
(→   )

■ 다음 한자성어의 설명을 읽고 □ 안에 들어갈 알맞은 한자를 〈보기〉에서 찾아 쓰시오.

보기	助 才 來 悲 老 勢 怒 床 人 婦 勢 座 東 之

96. □長   (   )

의미	힘을 도와서 더 자라게 함, 주로 부정적인 의미

97. □子 佳□   (,   )

의미	재주 있는 남자와 아름다운 여자를 아울러 이르는 말

98. 興 盡 □□   (,   )

의미	'즐거운 일이 다하면 슬픈 일이 온다'는 뜻으로, 세상일이 돌고 돎을 이르는 말

99. □益 壯   (   )

의미	'늙을수록 더욱 씩씩하다'는 뜻으로, 나이가 들었어도 결코 젊은이다운 패기가 변하지 않고 오히려 씩씩함

100. **破竹** □□   (,   )

의미	'대나무를 쪼갤 때의 기세'라는 뜻으로, 거침없이 맹렬한 기세를 이르는 말

6회 한자자격시험 4급 예상문제

객관식 (1~30번)

■ 다음 [ ] 안의 한자와 음이 같은 한자는?

1. [擧] ① 氣 ② 巨 ③ 史 ④ 內
2. [修] ① 數 ② 黃 ③ 央 ④ 認
3. [巳] ① 治 ② 取 ③ 絲 ④ 夢
4. [耕] ① 再 ② 比 ③ 慶 ④ 畵
5. [請] ① 故 ② 弱 ③ 聽 ④ 泉

■ 다음 [ ] 안의 한자와 뜻이 상대(반대)되는 한자는?

6. [陸] ① 感 ② 善 ③ 續 ④ 海
7. [興] ① 暴 ② 決 ③ 理 ④ 亡
8. [尾] ① 首 ② 充 ③ 罰 ④ 卒

■ 다음 [ ] 안의 한자와 뜻이 비슷한 한자는?

9. [完] ① 千 ② 全 ③ 形 ④ 節
10. [朱] ① 藝 ② 丹 ③ 全 ④ 傳

■ 다음 〈보기〉의 낱말들과 가장 관련이 깊은 한자는?

11. 보기 | 청첩장 신부 주례
    ① 婚 ② 溪 ③ 溫 ④ 所

12. 보기 | 창 방어 무기
    ① 引 ② 旅 ③ 官 ④ 干

13. 보기 | 소리 귀 말
    ① 移 ② 聽 ③ 除 ④ 支

■ 다음 설명이 뜻하는 한자어는?

14. 사람들이 보통 알고 있거나 알아야 하는 지식
    ① 智慧 ② 嗜好 ③ 常識 ④ 機智

15. 일정한 조건 아래에서 어떤 사건이나 사상이 일어날 가능성의 정도, 또는 그런 수치
    ① 確率 ② 比率 ③ 濃度 ④ 磁力

16. 맡아서 해야 할 임무나 의무
    ① 信託 ② 招聘 ③ 責任 ④ 連帶

17. 낡은 제도를 고쳐 새롭게 함
    ① 改善 ② 改定 ③ 干拓 ④ 維新

18. 뜻을 가진 가장 작은 말의 단위
    ① 形態素 ② 語節 ③ 音韻 ④ 語尾

19. 어떤 일을 서로 양보하여 협의함
    ① 討議 ② 相議 ③ 妥協 ④ 討論

20. 인물이나 지위 따위가 감히 범할 수 없을 정도로 높고 엄숙함
    ① 專制 ② 尊嚴 ③ 恭敬 ④ 絶對

21. 앞으로 일어날 일을 미리 짐작함
    ① 豫見 ② 推薦 ③ 推測 ④ 豫示

22. 캐낼 수 있음
    ① 採掘 ② 採取 ③ 可採 ④ 可能

23. 하나의 관념이 다른 관념을 불러일으키는 현상
    ① 聯想 ② 豫想 ③ 心象 ④ 情緖

■ 다음 문장 중 ( ) 안에 들어갈 한자어로 알맞은 것은?

24. 중국 사천성은 (   )으로 큰 피해를 입었다.
    ① 地殼 ② 地理 ③ 地震 ④ 地角

25. 대륙성 (   )의 영향으로 올 겨울은 더욱 추울 것이라 예상된다.
    ① 氣孔 ② 氣團 ③ 納稅 ④ 氣體

26. 다양한 상품 개발은 고객에게 (   )의 폭을 넓혀준다.
    ① 生産 ② 需要 ③ 選擧 ④ 選擇

27. 동맹 단체와의 (   )를 강화했다.
    ① 紐帶 ② 契約 ③ 實踐 ④ 豫見

28. 국제시장에서 원화의 (   )가 하락하고 있다.
    ① 輸入 ② 價値 ③ 規格 ④ 抽出

6회 한자자격시험 4급 예상문제

29. 이곳에는 많은 양의 원유와 천연가스가 (   )돼 있다.
　① 販賣　　② 流通　　③ 埋藏　　④ 發掘

30. 이번에 열린 무역 (   )에 많은 기업들이 참가했다.
　① 公演　　② 妥協　　③ 討議　　④ 博覽會

주관식 (31~100번)

■ 다음 한자의 훈음을 쓰시오.

31. 尊 (   )　　32. 陰 (   )
33. 笑 (   )　　34. 寺 (   )
35. 妙 (   )　　36. 變 (   )
37. 續 (   )　　38. 松 (   )
39. 干 (   )　　40. 研 (   )
41. 丙 (   )　　42. 達 (   )
43. 朱 (   )　　44. 伐 (   )
45. 權 (   )

■ 다음 □ 안에 공통으로 들어갈 한자를 〈보기〉에서 찾아 쓰시오.

보기	適　密　務　倫　俗　看

46. 天□ , □理 , 五□　　　(   )
47. 實□ , 事□ , 業□　　　(   )
48. 風□ , □談 , 世□　　　(   )
49. □用 , □當 , □性　　　(   )

■ [가로열쇠]와 [세로열쇠]를 읽고, 빈칸에 공통으로 들어갈 한자를 쓰시오.

50.
對		가로열쇠	적이나 어떤 세력, 힘 따위와 맞서 겨룸 또는 그 상대
	軍	세로열쇠	운동 경기나 시합 따위에서 상대편을 이르는 말

51.
	權	가로열쇠	정치상의 권력
治		세로열쇠	나라를 다스리는 일

52.
誤		가로열쇠	그릇되게 해석하거나 뜻을 잘못 앎
	決	세로열쇠	제기된 문제를 해명하거나 얽힌 일을 잘 처리함

■ 다음 한자어의 독음을 쓰시오.

53. 視聽 (   )　　54. 答訪 (   )
55. 眼目 (   )　　56. 宿題 (   )
57. 寒波 (   )　　58. 觀衆 (   )
59. 街頭 (   )　　60. 禁止 (   )
61. 列擧 (   )　　62. 始初 (   )
63. 請願 (   )　　64. 着陸 (   )
65. 英雄 (   )　　66. 波及 (   )
67. 國寶 (   )

■ 다음 글을 읽고 밑줄 친 부분이 뜻하는 한자를 〈보기〉에서 찾아 쓰시오.

조선을 강점한 일제는 조선인을 미개민족시 하여 무단통치를 실시하고, 토지조사사업을 추진하여 많은 농민들을 농토에서 내쫓는 등 갖은 수탈을 했다. 68)이에 조선인들은 제1차 세계대전 직후 전개된 세계적인 민족해방운동의 조류에 편승하여 대규모 민족해방운동을 전개했다.
1919년 3월 1일 낮 12시 서울의 파고다 공원에서 69)독립 선언서를 낭독하고 독립을 선언한 학생과 청년들이 수십만 명의 70)군중과 71)함께 "대한독립만세"를 외치며 온 72)거리를 73)달려 나옴으로써 3·1운동은 시작되었다. 한번 불붙은 만세 시위는 일제 헌병 경찰의 무자비한 탄압 속에서도 삽시간에 전국 방방곡곡 퍼져 나갔고, 간도, 연해주, 시베리아, 미주 지역까지 확대되었다.
200만 명이 넘는 민중이 참여하여 약 2개월에 걸쳐 투쟁하는 동안에 232개의 부·군 가운데 229개의 부·군에서 시위와 폭동이 74)일어났고, 1,491건의 시위를 벌였으며 160개가 넘는 일제 통치기관을 파괴했다. 그러나 4월 말에 접어들면서 일제의 집단학살·살인·방화·고문 등 무력 탄압으로 3·1운동은 차츰 사그라졌다.

보기	乃　獨　移　衆　起　與　引　街　走

68. (   )　　69. (   )
70. (   )　　71. (   )
72. (   )　　73. (   )
74. (   )

6회 한자자격시험 4급 예상문제

■ 다음 문장 중 한자어의 독음을 쓰시오.

75. *朋黨*에 대한 논의를 탕평하고자 한다면 목성선의 소견도 굽히지 않아서는 안 된다. (　　　)

76. *帝國主義* 열강의 침탈에 무기력한 모습을 보여서는 안 된다. (　　　)

77. 산돼지 고기를 겨울에 먹어 본 탓인지 산돼지하면 곧 겨울을 *聯想*하게 된다. (　　　)

78. 경찰은 *令狀* 없이 시민들을 연행하여 물의를 빚었다. (　　　)

79. 군비 축적을 위하여 *還穀*법을 시행했다. (　　　)

80. 젊은 혈기로 자신도 모르는 사이에 *放縱*에 휩쓸릴 수가 있다. (　　　)

81. 부족 간의 *葛藤*은 결국 참사를 불러왔다. (　　　)

82. 버스가 급정거를 할 때 몸이 기울어지는 것은 *慣性* 때문이다. (　　　)

83. 그는 자신의 콤플렉스를 감추려는 듯 늘 *誇張*된 어투로 말을 한다. (　　　)

84. 빈부 *隔差*는 날로 커지고 있다. (　　　)

85. 어머니는 자식들을 *矜持*로 삼고 살아간다. (　　　)

86. 언론은 성역 없는 보도로 사회 *輿論*을 이끌어가야 한다. (　　　)

87. 선진국일수록 평균 수명이 길어 노년층의 *比率*이 높다. (　　　)

■ 다음 문장 중 (　) 안의 단어를 한자로 쓰시오.

88. 전년도에 비해 라면 가격이 (인상)되었다. (　　　)

89. 우리 국가 대표단은 (필승)을 다짐했다. (　　　)

90. (여행)은 역시 고생을 해야 기억에 남는 거야. (　　　)

91. (최근) 젊은이들의 개성이 다양해지고 있다. (　　　)

92. 아마존에서 (벌목) 작업이 계속되고 있다. (　　　)

93. 확실히 농촌에 비해 도시는 인구 (밀집) 지역이다. (　　　)

■ 다음 문장 중 한자어의 잘못된 글자를 바르게 고쳐 쓰시오.

94. 절에 있는 스님들은 *海脫*을 하기 위해 수행한다. (　　→　　)

95. 날씨가 건조한 계절에는 산불 조심을 위해 입산을 *禁持*하기도 한다. (　　→　　)

■ 다음 한자성어의 설명을 읽고 □ 안에 들어갈 알맞은 한자를 〈보기〉에서 찾아 쓰시오.

| 보기 | 擧 傳 將 心 不 兩 轉 勸 虎 之 權 勢 洗 獨 |

96. 一□□得　　　(　,　)

의미: 한 가지 일을 하여 두 가지 이익을 얻음

97. 以心□□　　　(　,　)

의미: 마음과 마음으로 서로 뜻이 통함

98. □□十年　　　(　,　)

의미: '권세는 10년을 가지 못한다'는 뜻으로, 권력이 오래가지 못함을 이르는 말

99. 騎虎□□　　　(　,　)

의미: '호랑이를 탄 형세'라는 뜻으로, 호랑이를 타고 달리는 도중 내릴 수 없는 것처럼 한번 시작한 일은 중간에 그만 둘 수 없음

100. □不□軍　　　(　,　)

의미: '혼자서는 장군을 할 수 없다'는 뜻으로, 남의 의견은 무시하고 모든 일을 자신의 마음대로만 처리하는 사람을 가리키는 말

7회 한자자격시험 4급 예상문제

객관식 (1~30번)

■ 다음 [ ] 안의 한자와 음이 같은 한자는?

1. [競] ① 遺 ② 貴 ③ 景 ④ 因
2. [限] ① 承 ② 製 ③ 寒 ④ 口
3. [稅] ① 佛 ② 勢 ③ 就 ④ 俗
4. [列] ① 烈 ② 乾 ③ 權 ④ 松
5. [引] ① 理 ② 北 ③ 魚 ④ 認

■ 다음 [ ] 안의 한자와 뜻이 상대(반대)되는 한자는?

6. [因] ① 香 ② 甘 ③ 更 ④ 果
7. [散] ① 集 ② 暗 ③ 亡 ④ 應
8. [滿] ① 空 ② 益 ③ 設 ④ 可

■ 다음 [ ] 안의 한자와 뜻이 비슷한 한자는?

9. [更] ① 役 ② 復 ③ 製 ④ 遇
10. [卒] ① 偏 ② 判 ③ 兵 ④ 保

■ 다음 〈보기〉의 낱말들과 가장 관련이 깊은 한자는?

11. 보기 | 여자 | 며느리 | 결혼
    ① 造 ② 句 ③ 婦 ④ 夫

12. 보기 | 압정 | 재봉틀 | 주사기
    ① 妙 ② 冊 ③ 針 ④ 唱

13. 보기 | 초가집 | 주소 | 아파트
    ① 屋 ② 支 ③ 拾 ④ 庚

■ 다음 설명이 뜻하는 한자어는?

14. 여럿 가운데서 필요한 것을 골라 뽑음
    ① 拔萃 ② 選擇 ③ 施設 ④ 分析

15. 법률이나 규칙을 좇아 지킴
    ① 遵法 ② 立法 ③ 司法 ④ 法律

16. 하고 싶은 마음이 생기는 방향, 또는 그런 경향
    ① 好意 ② 向方 ③ 嗜好 ④ 趣向

17. 국가 권력을 개인이 장악하여 민의나 법률에 제약을 받지 않고 실시하는 정치
    ① 專制政治 ② 帝國主義
    ③ 絶對王政 ④ 祭政一致

18. 사회 대중의 공통된 의견
    ① 輿論 ② 連帶 ③ 主義 ④ 絶對

19. 원칙과 신념을 굽히지 아니하고 끝까지 지켜나가는 꿋꿋한 의지
    ① 志操 ② 信賴 ③ 信託 ④ 慈悲

20. 선거를 하거나 가부를 결정할 때에 투표용지에 의사를 표시하여 일정한 곳에 내는 일
    ① 王政 ② 裁判 ③ 投票 ④ 政治

21. 애쓴 노력과 얻어진 결과의 비율
    ① 比率 ② 確率 ③ 效率 ④ 比較

22. 동강이 나게 끊어 가름
    ① 配慮 ② 革命 ③ 妥協 ④ 分斷

23. 어떤 일이나 의논·의견에 그 근본이 됨, 또는 그런 까닭
    ① 協議 ② 討論 ③ 根據 ④ 主張

■ 다음 문장 중 ( ) 안에 들어갈 한자어로 알맞은 것은?

24. ( ) 없이 주차를 해놓아 통행에 방해가 된다.
    ① 常識 ② 象徵 ③ 情緒 ④ 心象

25. 끝내 ( ) 소재를 밝혀 두려는 눈치였다.
    ① 義務 ② 所見 ③ 消費 ④ 責任

26. 이런 기후에서 살아날 ( )은 제로에 가까웠다.
    ① 確率 ② 理由 ③ 宇宙 ④ 權利

27. ( ) 사업이나 댐의 건설이 물고기의 회유를 막기 때문에 여러 종류의 물고기가 급격히 줄어들었다.
    ① 開墾 ② 開拓 ③ 干拓 ④ 施設

28. 그는 ( )를 발휘하여 위험 상황에서 벗어났다.
    ① 判斷 ② 聰明 ③ 判斷 ④ 機智

7회 한자자격시험 4급 예상문제

29. 남북 간의 문제는 대화와 (　　)으로 풀어야 한다.
　　① 競爭　　② 妥協　　③ 論爭　　④ 條約

30. 고궁은 (　　) 온 가족들로 북적북적하다.
　　① 發散　　② 蒸散　　③ 疏通　　④ 散策

주관식 (31~100번)

■ 다음 한자의 훈음을 쓰시오.

31. 藝 (　　　)　　32. 接 (　　　)
33. 戶 (　　　)　　34. 鄕 (　　　)
35. 益 (　　　)　　36. 酉 (　　　)
37. 探 (　　　)　　38. 波 (　　　)
39. 權 (　　　)　　40. 應 (　　　)
41. 着 (　　　)　　42. 承 (　　　)
43. 經 (　　　)　　44. 退 (　　　)
45. 敎 (　　　)

■ 다음 □ 안에 공통으로 들어갈 한자를 〈보기〉에서 찾아 쓰시오.

보기	禁　容　獨　景　爲　增

46. □立, □身, 單□　(　　　)
47. □主, 人□, 行□　(　　　)
48. □加, □强, □大　(　　　)
49. 美□, 受□, 許□　(　　　)

■ [가로열쇠]와 [세로열쇠]를 읽고, 빈칸에 공통으로 들어갈 한자를 쓰시오.

50. 告 / 臣
　　가로열쇠: 남의 결함이나 잘못을 진심으로 타이름, 또는 그런 말
　　세로열쇠: 나라와 임금을 위하여 충절을 다하는 신하

51. 合 / 歌
　　가로열쇠: 여러 사람이 목소리를 맞추어 노래를 부름
　　세로열쇠: 서양 악곡의 형식을 빌려 지은 간단한 노래

52. 結 / 期
　　가로열쇠: 혼인하기에 알맞은 나이
　　세로열쇠: 남녀가 정식으로 부부관계를 맺음

■ 다음 한자어의 독음을 쓰시오.

53. 防寒 (　　　)　　54. 修練 (　　　)
55. 甲寅 (　　　)　　56. 權利 (　　　)
57. 依存 (　　　)　　58. 外製 (　　　)
59. 親舊 (　　　)　　60. 乃至 (　　　)
61. 辛苦 (　　　)　　62. 適應 (　　　)
63. 再拜 (　　　)　　64. 蟲齒 (　　　)
65. 均等 (　　　)　　66. 白飯 (　　　)
67. 單純 (　　　)

■ 다음 글을 읽고 밑줄 친 부분이 뜻하는 한자를 〈보기〉에서 찾아 쓰시오.

한글은 1446년(세종 28) 9월에 68)제정하여 69)공포한 우리나라의 국자(國字)인 훈민정음(訓民正音)의 현대적 명칭이다. 특히 세종 때부터 70)불리어온 언문은 한글이라는 이름이 일반화되기 전까지는 널리 쓰였다. 그러다가 근대화 과정에서 민족의식의 각성과 71)더불어 주로 국문이라 부르다가 주시경(周時經) 선생에 의해 한글이라는 이름으로 통일되었다. 한글의 뜻은 한(韓)나라의 글, 큰 글, 세상에서 72)가장 으뜸가는 글이라는 뜻이다.
훈민정음의 제자(制字) 및 73)그 결합 철학은 천·지·인의 삼재를 말하는 삼극지의(三極之義)와 음(陰)·양(陽)의 이기(二氣)를 말하는 이기지묘(二氣之妙)라는 성리학적(性理學的) 74)이론에 바탕을 두고 있다.

보기	最　呼　與　婦　布　定　論　其　俗

68. (　　　)　　69. (　　　)
70. (　　　)　　71. (　　　)
72. (　　　)　　73. (　　　)
74. (　　　)

■ 다음 문장 중 한자어의 독음을 쓰시오.

75. 같은 고교 졸업생이라도 인생행로는 큰 隔差가 났다. (　　　)

76. 당분의 濃度가 50% 이상이 되면 각종 미생물의 발육이 억제된다. (　　　)

7회 한자자격시험 4급 예상문제

77. 선생님의 따끔한 경책이 懶怠함에 빠져있던 나를 일깨웠다. (   )

78. 오히려 어떤 의미에서는 문화야말로 가장 효율성을 기대할 수 있는 投資란 주장도 가능하다. (   )

79. 대동회전이란 명나라 임금의 어명을 받아서 편찬한 辭典의 하나이다. (   )

80. 옛날의 追憶과 함께 가슴 저미는 회한이 되살아났다. (   )

81. 우리의 情緖 안에는 유교가 깊이 침윤해 있다. (   )

82. 동국지도는 우리나라 최초로 縮尺이 표시된 지도이다. (   )

83. 公演 실황을 음반으로 제작해 판매 중이다. (   )

84. 천도교 사상은 근대 민주주의의 인권의식과 脈絡을 같이하고 있다. (   )

85. 推薦 입학을 제한적으로 시행하게 되었다. (   )

86. 방송 위원회가 방송인들의 반말과 卑俗語 남발 행태 근절에 나섰다. (   )

87. 封建制度의 유물인 머리꼬리가 오늘날 이와 같이 놀림감이 될 줄을 누가 알았으랴. (   )

■ 다음 문장 중 ( ) 안의 단어를 한자로 쓰시오.

88. 자원이 적은 우리나라는 모든 물품을 (절약)해야 한다. (   )

89. 광복절 (경축) 행사가 한참 진행 중이다. (   )

90. 네가 그 어려운 지경에 빠졌다고 (가정)해 봐라. (   )

91. 이 지옥 같은 무더위에서 빨리 (탈출)하고 싶다. (   )

92. (존경)하는 국민 여러분. (   )

93. 애초 계획을 (변경)해야 한다는 결론에 이르렀다. (   )

■ 다음 문장 중 한자어의 잘못된 글자를 바르게 고쳐 쓰시오.

94. 친구가 그리울 때면 친구의 音性이 들리는 듯 하다. (→   )

95. 수학 수업 시간에는 우열반으로 나뉘어 교실을 利動한다. (→   )

■ 다음 한자성어의 설명을 읽고 □ 안에 들어갈 알맞은 한자를 〈보기〉에서 찾아 쓰시오.

| 보기 | 常 口 田 情 律 果 想 應 因 水 衆 千 天 婚 |

96. 人 之 □□   (,   )

| 의미 | 사람이면 누구나 가지는 보통의 마음 |

97. 因 □□ 報   (,   )

| 의미 | 전생에 지은 선악에 따라 현재의 행과 불행이 있고, 현세에서의 선악의 결과에 따라 내세에서 행과 불행이 있음 |

98. 我 □ 引 □   (,   )

| 의미 | '제 논에 물 대기'라는 뜻으로, 자기에게만 유리하게 행동하거나 생각하는 이기적인 경우를 이르는 말 |

99. □□ 難 防   (,   )

| 의미 | '여러 사람의 입은 막기가 어렵다'는 뜻으로, 많은 사람이 마구 떠들어대는 소리는 감당하기 어려움 |

100. □ 篇 一 □   (,   )

| 의미 | '천 편이 모두 한 가지 운율'이라는 뜻으로, 시문 (詩文)이나 사물이 독특한 개성 없이 모두 비슷비슷함 |

8회 한자자격시험 4급 예상문제

객관식 (1~30번)

■ 다음 [ ] 안의 한자와 음이 같은 한자는?

1. [鮮] ① 丙 ② 選 ③ 由 ④ 卯
2. [續] ① 勝 ② 市 ③ 俗 ④ 少
3. [忘] ① 無 ② 命 ③ 究 ④ 望
4. [經] ① 件 ② 位 ③ 庚 ④ 宋
5. [謝] ① 拜 ② 舍 ③ 述 ④ 居

■ 다음 [ ] 안의 한자와 뜻이 상대(반대)되는 한자는?

6. [異] ① 向 ② 同 ③ 感 ④ 來
7. [是] ① 非 ② 限 ③ 藝 ④ 應
8. [增] ① 減 ② 益 ③ 非 ④ 加

■ 다음 [ ] 안의 한자와 뜻이 비슷한 한자는?

9. [兒] ① 力 ② 童 ③ 又 ④ 動
10. [爭] ① 爲 ② 判 ③ 戰 ④ 則

■ 다음 〈보기〉의 낱말들과 가장 관련이 깊은 한자는?

11. 보기 | 꽃 허브 향수
    ① 香 ② 乙 ③ 敬 ④ 耳

12. 보기 | 운동화 마라톤 도망
    ① 妙 ② 冊 ③ 徒 ④ 走

13. 보기 | 도깨비 물소 녹용
    ① 止 ② 宮 ③ 角 ④ 形

■ 다음 설명이 뜻하는 한자어는?

14. 세금을 냄
    ① 課稅 ② 納稅 ③ 脫稅 ④ 血稅

15. 상품 따위를 팖
    ① 販賣 ② 購買 ③ 賣買 ④ 小賣

16. 사건이나 생각 따위를 차례대로 말하거나 적음
    ① 描寫 ② 比喩 ③ 綠翠 ④ 敍述

17. 근거 없는 두려움이나 공포로 갑자기 생기는 심리적 불안 상태
    ① 彷徨 ② 恐慌 ③ 荒凉 ④ 放縱

18. 예전에 있던 사물들의 시대, 가치, 내용 따위를 일정한 증거를 세워 이론적으로 밝혀 나가는 학문
    ① 考證學 ② 性理學 ③ 金石學 ④ 實學

19. 도와주거나 보살펴 주려고 마음을 씀
    ① 思慮 ② 保護 ③ 配慮 ④ 考慮

20. 여럿이 함께 무슨 일을 하거나 함께 책임을 짐
    ① 紐帶 ② 期待 ③ 連帶 ④ 責務

21. 뜻이 서로 통하여 오해가 없음
    ① 交通 ② 融通 ③ 流通 ④ 疏通

22. 어떤 힘이나 조건에 굽히지 아니하고 거역하거나 버팀
    ① 抵抗 ② 葛藤 ③ 尊嚴 ④ 放縱

23. 생물에게 직접·간접으로 영향을 주는 자연적 조건이나 사회적 상황
    ① 妥協 ② 制度 ③ 環境 ④ 制約

■ 다음 문장 중 ( ) 안에 들어갈 한자어로 알맞은 것은?

24. 대개의 미담 기사는 사실에 비해 ( )되거나 미화되기 마련이다.
    ① 誇張 ② 討議 ③ 輸入 ④ 疏通

25. 사전에 ( )라도 했더라면 이런 일이 일어나지는 않았을 터이다.
    ① 根據 ② 踏査 ③ 散策 ④ 蒸散

26. 유행어에는 당시의 세태가 ( )되어 있다.
    ① 反射 ② 臺本 ③ 敍述 ④ 反映

27. 전쟁 중이던 두 나라는 평화를 위한 ( )을 체결했다.
    ① 妥協 ② 需要 ③ 條約 ④ 貿易

28. 이 작품은 시각적 ( )이 뛰어나다.
    ① 埋藏 ② 心象 ③ 血緣 ④ 討議

8회 한자자격시험 4급 예상문제

29. 차차웅은 신라 남해왕의 칭호인데, 무당을 뜻하는 말로서 (　　　) 시대의 수장임을 나타낸다.

　① 排他主義　　　　② 帝國主義
　③ 絶對王政　　　　④ 祭政一致

30. 자료 조사를 모두 마친 다음에 (　　　) 작업으로 들어갈 예정이다.

　① 分析　② 分斷　③ 分明　④ 分數

주관식 (31~100번)

■ 다음 한자의 훈음을 쓰시오.

31. 單 (　　　　)　　32. 變 (　　　　)
33. 適 (　　　　)　　34. 送 (　　　　)
35. 波 (　　　　)　　36. 聽 (　　　　)
37. 舌 (　　　　)　　38. 布 (　　　　)
39. 協 (　　　　)　　40. 散 (　　　　)
41. 筆 (　　　　)　　42. 受 (　　　　)
43. 達 (　　　　)　　44. 獨 (　　　　)
45. 辛 (　　　　)

■ 다음 □ 안에 공통으로 들어갈 한자를 〈보기〉에서 찾아 쓰시오.

보기	練　依　與　重　造　尊

46. □他 , □存 , □支　　　(　　　　)
47. □否 , 參□ , 授□　　　(　　　　)
48. □作 , 改□ , 人□　　　(　　　　)
49. □敬 , □貴 , □重　　　(　　　　)

■ [가로열쇠]와 [세로열쇠]를 읽고, 빈칸에 공통으로 들어갈 한자를 쓰시오.

50.
密		가로열쇠	서로 맞대어 이음
	績	세로열쇠	아주 가깝게 맞닿아 있음

51.
法		가로열쇠	규칙적인 움직임
	動	세로열쇠	사회생활을 유지하기 위한 강제적인 규범

52.
	言	가로열쇠	죽음에 임해서 남기는 말
産		세로열쇠	앞 세대가 물려준 사물 또는 문화

■ 다음 한자어의 독음을 쓰시오.

53. 甘受 (　　　)　　54. 丙戌 (　　　)
55. 及第 (　　　)　　56. 處世 (　　　)
57. 看病 (　　　)　　58. 獨唱 (　　　)
59. 法則 (　　　)　　60. 萬苦 (　　　)
61. 溪谷 (　　　)　　62. 聽取 (　　　)
63. 慶祝 (　　　)　　64. 尾骨 (　　　)
65. 鼻笑 (　　　)　　66. 研修 (　　　)
67. 巨商 (　　　)

■ 다음 글을 읽고 밑줄 친 부분이 뜻하는 한자를 〈보기〉에서 찾아 쓰시오.

《명심보감》은 고려 충렬왕 때 문신이었던 추적(秋適)이 저술한 것이라고 한다. 원래 계선, 천명 등 십구 편으로 되어 있던 것을 근래에 와서 어떤 학자가 팔반가, 효행, 염의, 권학 등 오 편을 ⁶⁸⁾증보하여 내용을 보강함으로써 전 이십사 편으로 되어 있다.
이 책은 선한 자에게는 복을 ⁶⁹⁾주고 악한 자에게는 재앙을 내리는 하늘의 밝은 섭리를 설명하고 자기를 반성하여 인간 본연의 양심을 ⁷⁰⁾보존함으로써 숭고한 인격을 도야할 것을 강조하고 있다.
오륜삼강을 말함으로써 부자, 군신, 부부, 장유, 붕우 사이의 인간관계의 질서를 밝히고 천명을 순종하는 자는 살고 이를 거스르는 자는 죽는다고 해서 안분수명을 권유하기도 했다. 또 이 ⁷¹⁾책은 시기를 놓치지 말고 부지런히 배워서 학문을 성취하고 ⁷²⁾큰 사업을 이룩해서 이름을 빛낼 것을 강조한다.
여기에 나오는 글들은 개인의 인간 수련에서 시작해서, 한 가정을 원만하게 이끌어 나가고, 사회에 참여하며, 국가를 ⁷³⁾다스리는 문제에 이르기까지 광범위하게 ⁷⁴⁾그 원칙론을 다루고 있다.

보기	除　保　其　偉　授　冊　治　聽　增

68. (　　　　)　　　　69. (　　　　)
70. (　　　　)　　　　71. (　　　　)
72. (　　　　)　　　　73. (　　　　)
74. (　　　　)

8회 한자자격시험 4급 예상문제

■ 다음 문장 중 한자어의 독음을 쓰시오.

75. 그의 새로운 시도는 산업 분야에서 하나의 **革命**으로 기억된다. (　　　)

76. 이번 선거 결과는 그만큼 국민들이 **經濟** 문제에 비중을 두고 있음을 보여준다. (　　　)

77. 그렇게 비열한 인간은 사회에서 **埋藏**을 시켜야 한다. (　　　)

78. 소비 지출의 규모와 내용은 재화와 용역을 생산하는 기업에 대한 **需要**로 나타난다. (　　　)

79. 생각해보면 자신은 **分斷**이 낳은 숙명적인 피해자였다. (　　　)

80. 그녀는 자신의 방조차도 자신의 **趣向**대로 꾸밀 수가 없었다. (　　　)

81. 지방의 농민들은 대략 10호가량의 **血緣** 집단이 거주하는 자연 촌락인 촌에 편입되어 있었다. (　　　)

82. 국민의 **輿論**과 언론기관도 이 특별법 제정을 적극 찬동하고 나섰다. (　　　)

83. 지장을 찍어도 무방하다고 되어 있었기 때문에 서명 **投票**를 얼마든지 날조할 수 있었다. (　　　)

84. 복잡한 결재 절차를 단순화하여 일의 **效率**을 높였다. (　　　)

85. 희극이 비극보다 어려우며 더 많은 것을 **含蓄**하고 있다. (　　　)

86. 외자유치는 궁극적으로 국민의 **福祉**에 보탬이 돼야지, 생활의 기반을 흔들어서는 안 될 것이다. (　　　)

87. 재래 형식의 조공 수단으로서는 **貿易** 발전의 시대적 요구에 도저히 부응할 수 없었다. (　　　)

■ 다음 문장 중 (　) 안의 단어를 한자로 쓰시오.

88. 오늘 배운 수업 내용은 바로 (복습)하는 게 좋다. (　　　)

89. 영업 목표치에 거의 (도달)하고 있다. (　　　)

90. 명배우들이 총출동하여 (최고)의 시청률을 기록했다. (　　　)

91. 버스가 다음 정류소로 (이동)하려 한다. (　　　)

92. 선생님께서 직접 우리 집을 (방문)해 주셨다. (　　　)

93. 철들기 전부터 서울로 올라와 (독립)하여 살아왔다. (　　　)

■ 다음 문장 중 한자어의 잘못된 글자를 바르게 고쳐 쓰시오.

94. 우체부 아저씨들은 우편물의 **收取**인이 없을 때 힘들어 하신다. (　　→　　)

95. 식물을 잘 키우기 위해 **最敵**의 환경을 만들어 주었다. (　　→　　)

■ 다음 한자성어의 설명을 읽고 □ 안에 들어갈 알맞은 한자를 〈보기〉에서 찾아 쓰시오.

| 보기 | 熱 無 環 患 移 理 山 治 衣 依 鄕 刻 角 骨 |

96. 以 □ □ 熱　　　(　,　)

의미: '열은 열로써 다스린다'는 뜻으로, 열이 날 때에 땀을 낸다든지 더위를 뜨거운 차를 마셔서 이긴다든지 힘은 힘으로 물리친다는 따위를 이를 때에 흔히 쓰는 말

97. 有 備 □ □　　　(　,　)

의미: 미리 준비가 되어 있으면 걱정할 것이 없음

98. 錦 □ 還 □　　　(　,　)

의미: '비단 옷을 입고 고향으로 돌아간다'는 뜻으로, 출세하여 고향에 돌아감

99. 愚 公 □ □　　　(　,　)

의미: '우공이 산을 옮긴다'는 뜻으로, 어떤 일이라도 끊임없이 노력하면 마침내 이룰 수 있음

100. □ □ 難 忘　　　(　,　)

의미: 은혜를 입은 것에 대한 고마운 마음이 뼈에까지 새겨져 잊혀지지 않음

9회 한자자격시험 4급 예상문제

객관식 (1~30번)

■ 다음 [ ] 안의 한자와 음이 같은 한자는?

1. [寅] ① 印 ② 假 ③ 績 ④ 齒
2. [官] ① 戶 ② 處 ③ 觀 ④ 造
3. [爲] ① 外 ② 午 ③ 偉 ④ 利
4. [鄕] ① 呼 ② 形 ③ 後 ④ 香
5. [佳] ① 甲 ② 街 ③ 骨 ④ 申

■ 다음 [ ] 안의 한자와 뜻이 상대(반대)되는 한자는?

6. [得] ① 失 ② 究 ③ 家 ④ 悲
7. [否] ① 解 ② 適 ③ 應 ④ 可
8. [往] ① 遺 ② 來 ③ 進 ④ 仁

■ 다음 [ ] 안의 한자와 뜻이 비슷한 한자는?

9. [充] ① 太 ② 滿 ③ 少 ④ 卯
10. [巨] ① 重 ② 大 ③ 異 ④ 臣

■ 다음 〈보기〉의 낱말들과 가장 관련이 깊은 한자는?

11. 보기 | 장마   무지개   우산
    ① 雨 ② 忠 ③ 印 ④ 究

12. 보기 | 졸업   생일   결혼
    ① 修 ② 祝 ③ 谷 ④ 機

13. 보기 | 코끼리   냄새   얼굴
    ① 防 ② 爭 ③ 鼻 ④ 成

■ 다음 설명이 뜻하는 한자어는?

14. 그러하다고 생각하여 옳다고 인정함
    ① 自律 ② 誇張 ③ 肯定 ④ 呼應

15. 빛깔이나 명암 따위의 짙음과 옅음의 정도
    ① 氣壓 ② 濃度 ③ 確率 ④ 尊嚴

16. 어떤 대상이나 사물, 현상 따위를 언어로 서술하거나 그림을 그려서 표현함
    ① 描寫 ② 妥協 ③ 納稅 ④ 條約

17. 고고학적 자료·역사적 유물·예술품·그 밖의 학술 자료를 수집·보존·진열하고 일반에게 전시하여 학술 연구와 사회 교육에 기여할 목적으로 만든 시설
    ① 多元社會 ② 揭示板
    ③ 官廳 ④ 博物館

18. 다른 것에 영향을 받아 어떤 현상이 나타남, 또는 어떤 현상을 나타냄
    ① 反映 ② 反射 ③ 抽出 ④ 拔萃

19. 사건이나 환경, 인물 따위를 둘러싼 주위의 정경
    ① 俳優 ② 臺本 ③ 導體 ④ 背景

20. 몸속에 들어온 병원(病原) 미생물에 대항하는 항체를 생산하여 독소를 중화하거나 병원 미생물을 죽여서 다음에는 그 병에 걸리지 않도록 된 상태, 또는 그런 작용
    ① 干拓 ② 恐慌 ③ 免疫 ④ 感染

21. 일이 없어 한가로운 시간
    ① 分析 ② 餘暇 ③ 趣向 ④ 效率

22. 부지런히 일하며 힘씀
    ① 寬容 ② 葛藤 ③ 勤勉 ④ 納稅

23. 사회 집단의 구성원들 사이에 나타나는 의식적·무의식적 반복 행위
    ① 描寫 ② 慣性 ③ 導體 ④ 模倣

■ 다음 문장 중 ( ) 안에 들어갈 한자어로 알맞은 것은?

24. 응접실은 주택 외부의 화사한 단청과 다르게 (   )하게 꾸며져 있었다.
    ① 儉素 ② 懶怠 ③ 檢閱 ④ 純粹

25. 말이나 글이 많은 뜻을 담고 있는 것을 (   )이라고 한다.
    ① 含蓄 ② 散策 ③ 模倣 ④ 象徵

9회 한자자격시험 4급 예상문제

26. 그들은 주객이 (　　)된 이상한 논쟁을 벌이고 있다.
   ① 交替　② 旋回　③ 回轉　④ 顚倒

27. 그는 여인이 용서를 청해 오면 눈 질끈 감고 (　　)을 베풀 생각이었다.
   ① 心象　② 埋藏　③ 慣性　④ 寬容

28. 구멍가게를 세계적인 (　　)으로 키웠다.
   ① 國家　② 家庭　③ 企業　④ 社會

29. 서양의 모든 리조트가 서향을 고집하는 것은 노을 감상을 제일로 치는 서양인들의 (　　) 때문이다.
   ① 價値　② 嗜好　③ 輸入　④ 納稅

30. 이것은 한국이 과거에 걸어온 수난과 치욕과 인종의 긴 역사를 (　　)한다.
   ① 象徵　② 趣向　③ 反射　④ 背景

주관식 (31~100번)

■ 다음 한자의 훈음을 쓰시오.

31. 眼 (　　)　32. 誤 (　　)
33. 故 (　　)　34. 逆 (　　)
35. 慶 (　　)　36. 端 (　　)
37. 節 (　　)　38. 雄 (　　)
39. 陸 (　　)　40. 戌 (　　)
41. 將 (　　)　42. 唱 (　　)
43. 寅 (　　)　44. 究 (　　)
45. 察 (　　)

■ 다음 □ 안에 공통으로 들어갈 한자를 〈보기〉에서 찾아 쓰시오.

보기	接　往　停　最　拜　端

46. □善, □適, □後　(　　)
47. □電, □年, □止　(　　)
48. □來, □復, □年　(　　)
49. 再□, 參□, 歲□　(　　)

■ [가로열쇠]와 [세로열쇠]를 읽고, 빈칸에 공통으로 들어갈 한자를 쓰시오.

50. | 巨 | 가로열쇠 | 큰 부자 |
    | | 강 | |
    | 強 | 세로열쇠 | 부유하고 강함 |

51. | 擧 | 가로열쇠 | 노래 부르는 것이 직업인 사람 |
    | 歌 | 세로열쇠 | 손을 위로 들어 올림 |

52. | 敎 | 가로열쇠 | 가르치고 깨우침, 또는 그 가르침 |
    | 長 | 세로열쇠 | 글방의 스승 |

■ 다음 한자어의 독음을 쓰시오.

53. 分列 (　　)　54. 法治 (　　)
55. 擧論 (　　)　56. 端正 (　　)
57. 受與 (　　)　58. 遺産 (　　)
59. 純益 (　　)　60. 恩惠 (　　)
61. 旅客 (　　)　62. 餘波 (　　)
63. 尊敬 (　　)　64. 私服 (　　)
65. 德治 (　　)　66. 參加 (　　)
67. 想念 (　　)

■ 다음 글을 읽고 밑줄 친 부분이 뜻하는 한자를 〈보기〉에서 찾아 쓰시오.

옛날 68)옛날에 69)토끼와 거북이가 살고 있었다. 토끼는 매우 빨랐고, 거북이는 매우 느렸다. 어느 날 토끼가 거북이를 느림보라고 놀려대자, 거북이는 토끼에게 70)달리기 71)경주를 제안하였다. 경주를 시작한 토끼는 거북이가 한참 뒤진 것을 72)보고 안심을 하고 중간에 누워서 낮잠을 잤다. 그런데 토끼가 잠을 길게 자자 거북이는 토끼 옆을 한참 지나가고 잠에서 문득 깨어 73)일어난 토끼는 거북이가 어느새 경주를 마쳤다는 사실을 깨달았다. 우화 끝에는 "천천히 그리고 꾸준히 노력하는 자가 승리한다."는 교훈이 그대로 적혀 있다.
이 이야기에서 경주는 인생을, 토끼는 게으른 인간, 거북이는 성실한 인간을 상징한다. 초등학교에서 74)토론으로 자주 인용되는데, 서양에서는 거북이가 토끼를 보고도 그냥 뛰어갔기에 공정하지 않으므로 거북이가 더 나쁘다고도 한다.

9회 한자자격시험 4급 예상문제

보기	舊 論 筆 競 卯 判 看 走 起

68. (   )   69. (   )

70. (   )   71. (   )

72. (   )   73. (   )

74. (   )

■ 다음 문장 중 한자어의 독음을 쓰시오.

75. 그는 葛藤하면서 비로소 존재감을 느꼈다. (   )

76. 그 제자는 스승에 대한 恭敬이 극진하다. (   )

77. 그때부터 경애의 눈에 비친 모든 사나이는 放縱과 허위의 가증스러운 탈바가지였다. (   )

78. 학생들이 令狀 없이 구치소에 구금되었다. (   )

79. 금리의 경우 일부 요구불 預金을 제외한 대부분 여수신 금리가 명목상 자유화돼 있다. (   )

80. 그렇게 떠벌리지만 말고 實踐을 해라. (   )

81. 국제 金融 시장에서 금은 사회적 부의 일반적 체현물로 간주된다. (   )

82. 이번에 무대에 올리는 연극의 臺本은 원작자의 승인을 얻어 각색한 것이다. (   )

83. 김사용에게도 連帶 책임을 묻겠다는 것이었다. (   )

84. 대문은 의외로 별다른 抵抗 없이 쉽게 열렸다. (   )

85. 솜 같이 풀어진 온몸의 細胞는, 눈에 보이지도 않는 액체로 스르르 녹아 버리는 듯하다. (   )

86. 커피는 전적으로 輸入에 의존하는 식품이다. (   )

87. 사람은 나이를 먹으면 追憶 속에서 산다고들 한다. (   )

■ 다음 문장 중 (   ) 안의 단어를 한자로 쓰시오.

88. 대한민국 (서예) 명인들이 다 모였다. (   )

89. 이 곡이 좋아 며칠 동안 (반복)해서 듣고 있는 중이다. (   )

90. 출산율이 급격하게 (감소)하고 있는 추세다. (   )

91. 오토바이를 모는 (폭도)들이 질주하고 있다. (   )

92. 가능한 모든 이들의 욕구를 (충족)시켜 주고자 한다. (   )

93. 목표의 조기 (달성)이 쉽지 않은 상황이다. (   )

■ 다음 문장 중 한자어의 잘못된 글자를 바르게 고쳐 쓰시오.

94. 고유가 시대에는 電等 하나라도 아껴써야 한다. (→   )

95. 대화를 통해 문제의 害法을 찾을 수 있다. (→   )

■ 다음 한자성어의 설명을 읽고 □ 안에 들어갈 알맞은 한자를 〈보기〉에서 찾아 쓰시오.

보기	名 故 復 實 新 古 辛 己 卯 危 威 德 倍 恩

96. 有□無□   (,   )

의미	이름만 그럴듯하고 실속은 없음

97. 溫□知□   (,   )

의미	'옛것을 익히고 그것을 미루어서 새것을 안다'는 뜻으로, 《논어》에 나오는 공자의 말

98. 克□□禮   (,   )

의미	'자신을 이기고 예로 돌아감'이라는 뜻으로, 자신의 지나친 욕심을 누르고 예의범절을 좇음

99. 累□之□   (,   )

의미	알을 쌓아놓은 것처럼 몹시 위태로운 형세

100. 背□忘□   (,   )

의미	'입은 은덕을 잊어버리고 배신함'이라는 뜻으로, 은혜를 모르는 경우를 이르는 말

10회 한자자격시험 4급 예상문제

객관식 (1~30번)

■ 다음 [ ] 안의 한자와 음이 같은 한자는?

1. [建]　①擧　②乾　③骨　④壬
2. [徒]　①辰　②細　③波　④都
3. [布]　①想　②暴　③希　④志
4. [齒]　①之　②安　③律　④治
5. [聽]　①請　②修　③由　④州

■ 다음 [ ] 안의 한자와 뜻이 상대(반대)되는 한자는?

6. [新]　①雄　②欲　③舊　④永
7. [衆]　①獨　②的　③終　④市
8. [敗]　①貝　②應　③勝　④禁

■ 다음 [ ] 안의 한자와 뜻이 비슷한 한자는?

9. [丹]　①退　②遇　③慶　④朱
10. [異]　①惡　②移　③他　④順

■ 다음 〈보기〉의 낱말들과 가장 관련이 깊은 한자는?

11. 보기 | 석가모니　절　연꽃
　　①佳　②佛　③興　④承

12. 보기 | 곱하기　더하기　주판
　　①算　②婚　③陰　④容

13. 보기 | 갈매기　바다　한라산
　　①重　②島　③素　④唱

■ 다음 설명이 뜻하는 한자어는?

14. 대상이 인간과의 관계에 의하여 지니게 되는 중요성
　　①需要　②價値　③價格　④思想

15. 빈부, 임금, 기술 수준 따위가 서로 벌어져 다른 정도
　　①隔差　②平衡　③國寶　④濃度

16. 음악, 무용, 연극 따위를 많은 사람 앞에서 보이는 일
　　①貿易　②公演　③經濟　④反映

17. 행동, 성격 따위가 느리고 게으름
　　①慣性　②純粹　③儉素　④懶怠

18. 이익을 얻기 위하여 주권, 채권 따위를 구입하는 데 자금을 돌리는 일
　　①投資　②預金　③金融　④經濟

19. 사람의 마음에 일어나는 여러 가지 감정, 또는 감정을 불러일으키는 기분이나 분위기
　　①聯想　②情緒　③尊嚴　④心象

20. 혈관이 서로 연락되어 있는 계통
　　①葛藤　②恐慌　③脈絡　④放縱

21. 남을 깊이 사랑하고 가엾게 여김, 또는 그렇게 여겨서 베푸는 혜택
　　①希望　②慈悲　③信賴　④苦悶

22. 다른 나라의 사상, 문화, 제도 따위를 배워 들여옴
　　①輸入　②流入　③交換　④相換

23. 욕망을 충족시키기 위하여 재화를 소모하는 일
　　①生産　②疏通　③消費　④販賣

■ 다음 문장 중 ( ) 안에 들어갈 한자어로 알맞은 것은?

24. 할아버지는 한방에 대한 소양이 (　) 이상이었다.
　　①智慧　②嗜好　③常識　④機智

25. 어느 일에서나 그 일을 밑받침할 기본이 잘되어 있어야 성공할 (　)이 크다.
　　①確率　②比率　③濃度　④磁力

26. 싸움의 (　)을 한쪽에만 지우는 것은 불공평하다.
　　①信託　②招聘　③責任　④連帶

27. 소위 (　)체제의 출범 속에서, 통일에 대한 온 국민의 열망은 한낱 신기루에 지나지 않았다.
　　①改善　②改定　③干拓　④維新

28. 아버지는 늘 잘못된 세상과 (　)하지 말라고 하셨다.
　　①討議　②相議　③妥協　④討論

10회 한자자격시험 4급 예상문제

29. 민주주의는 국민 각개의 자유와 (　　) 을 보장한다.

　① 專制　　② 尊嚴　　③ 恭敬　　④ 絶對

30. 그의 외모는 한 마디로 인도의 간디가 (　　) 되는 그런 몰골이었다.

　① 聯想　　② 豫想　　③ 心象　　④ 情緒

주관식 (31~100번)

■ 다음 한자의 훈음을 쓰시오.

31. 飯 (　　　　　)　　32. 密 (　　　　　)

33. 巳 (　　　　　)　　34. 收 (　　　　　)

35. 危 (　　　　　)　　36. 選 (　　　　　)

37. 尾 (　　　　　)　　38. 往 (　　　　　)

39. 認 (　　　　　)　　40. 及 (　　　　　)

41. 解 (　　　　　)　　42. 鼻 (　　　　　)

43. 暴 (　　　　　)　　44. 製 (　　　　　)

45. 婚 (　　　　　)

■ 다음 □ 안에 공통으로 들어갈 한자를 〈보기〉에서 찾아 쓰시오.

보기	散　務　端　將　變　察

46. □軍, □來, 大□　　(　　　　)

47. □正, 末□, □午　　(　　　　)

48. □化, □心, 不□　　(　　　　)

49. 事□, 業□, 稅□　　(　　　　)

■ [가로열쇠]와 [세로열쇠]를 읽고, 빈칸에 공통으로 들어갈 한자를 쓰시오.

50.
新		가로열쇠	갓 결혼한 색시
	人	세로열쇠	결혼한 여자, 남편의 반대

51.
筆		가로열쇠	글씨를 쓸 때의 획의 순서
	位	세로열쇠	차례나 순서를 나타내는 위치나 지위

52.
	善	가로열쇠	가장 좋고 훌륭함
終		세로열쇠	맨 나중

■ 다음 한자어의 독음을 쓰시오.

53. 熱烈 (　　　　)　　54. 獨唱 (　　　　)

55. 限界 (　　　　)　　56. 浴室 (　　　　)

57. 研究 (　　　　)　　58. 取得 (　　　　)

59. 陰陽 (　　　　)　　60. 請婚 (　　　　)

61. 伐草 (　　　　)　　62. 洗練 (　　　　)

63. 布敎 (　　　　)　　64. 希望 (　　　　)

65. 溪谷 (　　　　)　　66. 呼應 (　　　　)

67. 暴惡 (　　　　)

■ 다음 글을 읽고 밑줄 친 부분이 뜻하는 한자를 〈보기〉에서 찾아 쓰시오.

> 68)가라, 69)달려라, 그리고 세계가 6일 동안에 70)만들어졌음을 잊지 말라. 그대는 그대가 원하는 것은 무엇이든지 나에게 71)청구할 수 있지만 시간만은 안 된다.
>
> －나폴레옹
>
> 72)책을 73)볼 때는 대의(大義)에 따라 74)그 맛을 즐겨야 한다.
>
> －퇴계 이황

보기	往　册　忠　走　造　藝　請　看　其

68. (　　　　)　　69. (　　　　)

70. (　　　　)　　71. (　　　　)

72. (　　　　)　　73. (　　　　)

74. (　　　　)

■ 다음 문장 중 한자어의 독음을 쓰시오.

75. 地震 예고를 보면 동물 세계의 능력이 아주 뛰어남을 알 수 있다. (　　　　)

76. 選擇과 변화가 전제되지 않은 필생의 천국이란 오히려 견딜 수 없는 지옥일 뿐이다. (　　　　)

77. 주어진 餘暇와 휴식을 가급적 창조적으로 쓰기 위해 노력해야 한다. (　　　　)

78. 그는 타고난 재능에도 불구하고 勤勉하지 못해 낙오자가 되고 말았다. (　　　　)

10회 한자자격시험 4급 예상문제

79. 풀잎마다 맺힌 이슬방울이 햇빛에 **反射**되어 반짝이고 있었다. (   )

80. 금세기 최고 지휘자들의 명연주를 **比較** 감상할 수 있는 편집 음반이 나와 화제다. (   )

81. 작업 도중 작업자의 오조작이나 적재 하중 **超過** 등을 스스로 체크할 수 있도록 설계됐다. (   )

82. 무량한 만유의 **秩序** 속에 내가 받은 것이라곤 이 목숨밖에 없다. (   )

83. 그는 **裁判**이 끝날 때까지 찡그리듯 눈을 꼭 감고 꼿꼿하게 서 있었다. (   )

84. 다방면에 걸쳐 독창적인 사상을 전개한 것은 **天賦**적 재능과 노력의 산물이었다. (   )

85. 지주가 여태껏 누려온 지방 하급 관리들과의 **紐帶** 관계도 지주를 마지막 특권층으로 남아 있도록 했다. (   )

86. 이번 **博覽會**에서는 우리나라의 전자 기술의 우수성이 돋보였다. (   )

87. 고려는 자기들의 높고 우아한 문화의 전통에 **矜持**를 느껴왔다. (   )

■ 다음 문장 중 (　) 안의 단어를 한자로 쓰시오.

88. 국가의 (흥망)이 젊은이들의 손에 달렸다. (   )

89. 이번 달 봉급이 직원들에게 (지급)되었다. (   )

90. 이웃 단체와의 (협조) 하에 사업이 원활히 진행되었다. (   )

91. 스스로에게 (만족)하기는 쉽지 않다. (   )

92. 언어에 대한 철학적 (탐구)를 지향한다. (   )

93. 광장엔 수많은 (인파)가 몰려들었다. (   )

■ 다음 문장 중 한자어의 잘못된 글자를 바르게 고쳐 쓰시오.

94. 임금과 신하 사이에 의리가 있어야 함을 '**軍臣**유의'라고 한다. (→   )

95. 부모님의 **銀惠**는 하늘보다도 넓고 바다보다도 깊다. (→   )

■ 다음 한자성어의 설명을 읽고 □ 안에 들어갈 알맞은 한자를 〈보기〉에서 찾아 쓰시오.

| 보기 | 有 曲 骨 漁 取 利 敵 日 將 壯 衆 魚 者 果 不 |

96. 言 中 □ □　　　　(　,　)

의미: '말 가운데 뼈가 있다'는 뜻으로, 예사로운 말 속에 단단한 속뜻이 들어 있음을 이르는 말

97. □ 夫 之 □　　　　(　,　)

의미: 두 사람이 이해관계로 서로 싸우는 사이에 엉뚱한 사람이 애쓰지 않고 가로챈 이익을 이르는 말

98. 仁 □ 無 □　　　　(　,　)

의미: '어진 사람에게는 적이 없다'는 뜻으로, 어진 사람은 모든 사람을 사랑하므로 천하에 적이 없다는 말

99. □ 就 月 □　　　　(　,　)

의미: '날로 나아가고 달로 나아가다'는 뜻으로, 학문이나 기술이 나날이 발전함

100. □ 寡 □ 敵　　　　(　,　)

의미: '(수효가)많은 것과 (수효가)적은 것은 서로 대적할 수 없다'는 뜻으로, 적은 수로는 많은 수에 맞설 수 없음

11회 한자자격시험 4급 예상문제

객관식 (1~30번)

■ 다음 [ ] 안의 한자와 음이 같은 한자는?

1. [兆] ① 絲 ② 浴 ③ 造 ④ 往
2. [製] ① 藝 ② 乙 ③ 祭 ④ 遺
3. [依] ① 醫 ② 卯 ③ 笑 ④ 應
4. [景] ① 慶 ② 寺 ③ 非 ④ 引
5. [溪] ① 眼 ② 癸 ③ 否 ④ 井

■ 다음 [ ] 안의 한자와 뜻이 상대(반대)되는 한자는?

6. [授] ① 雄 ② 異 ③ 妙 ④ 受
7. [笑] ① 寅 ② 快 ③ 則 ④ 怒
8. [進] ① 針 ② 聽 ③ 退 ④ 探

■ 다음 [ ] 안의 한자와 뜻이 비슷한 한자는?

9. [希] ① 婚 ② 望 ③ 筆 ④ 坐
10. [律] ① 則 ② 價 ③ 決 ④ 料

■ 다음 〈보기〉의 낱말들과 가장 관련이 깊은 한자는?

11. 보기 얼음 냉장고 명령
    ① 冷 ② 奉 ③ 億 ④ 武

12. 보기 문방사우 털 서예
    ① 實 ② 筆 ③ 産 ④ 過

13. 보기 바늘 누에 재봉틀
    ① 史 ② 序 ③ 絲 ④ 德

■ 다음 설명이 뜻하는 한자어는?

14. 지나간 일을 돌이켜 생각함, 또는 그런 생각
    ① 記憶 ② 追憶 ③ 追求 ④ 懷疑

15. 어떤 조건에 적합한 대상을 책임지고 소개함
    ① 推薦 ② 紹介 ③ 適任 ④ 責任

16. 경우에 따라 재치 있게 대응하는 지혜
    ① 判斷 ② 聰明 ③ 判斷 ④ 機智

17. 거리낌 없이 제멋대로 행동함
    ① 自由 ② 放縱 ③ 彷徨 ④ 放蕩

18. 소설이나 희곡에서 등장인물 사이에 일어나는 대립과 충돌, 또는 등장인물과 환경 사이의 모순과 대립을 이르는 말
    ① 關契 ② 事件 ③ 葛藤 ④ 背景

19. 사실보다 지나치게 불려서 나타냄
    ① 誇張 ② 虛構 ③ 敍述 ④ 描寫

20. 일정한 형식을 따르지 않고 인생이나 자연 또는 일상생활에서의 느낌이나 체험을 생각나는 대로 쓴 산문 형식의 글
    ① 日記 ② 辭典 ③ 隨筆 ④ 戲曲

21. 하늘이 주었다는 뜻으로, 타고날 때부터 지님
    ① 天體 ② 天才 ③ 天上 ④ 天賦

22. 같은 핏줄에 의하여 연결된 인연
    ① 血書 ② 血緣 ③ 血族 ④ 血液

23. 앞으로 일어날 일을 미리 짐작함
    ① 豫見 ② 比喩 ③ 恭敬 ④ 絕對

■ 다음 문장 중 ( ) 안에 들어갈 한자어로 알맞은 것은?

24. 옷감의 질감에 어울리는 디자인을 (   )했다.
    ① 拔萃 ② 選擇 ③ 施設 ④ 分析

25. 서명에 이어 진행된 후보자들의 발언에서 후보자들은 (   ) 선거를 실천할 것을 재차 다짐했다.
    ① 遵法 ② 立法 ③ 司法 ④ 法律

26. 자신의 (   )에 맞게 외형이나 기능을 변화시켜 사용하는 튜닝족들도 있다.
    ① 好意 ② 向方 ③ 聯想 ④ 趣向

27. 일본 (   )의 비호 밑에 민중을 탄압한 반민족적 인간은 마땅히 규탄되어야 한다.
    ① 專制政治 ② 帝國主義
    ③ 絕對王政 ④ 祭政一致

11회 한자자격시험 4급 예상문제

28. (　　)이 정책 결정에 변수로 등장하였다.
　① 輿論　② 連帶　③ 主義　④ 絶對

29. 그 선비는 어려운 역경 속에서도 변절하지 않고 (　　)와 절개를 지켰다.
　① 志操　② 信賴　③ 信託　④ 慈悲

30. 선거 관리 위원장의 날인이 없는 (　　)용지는 무효로 간주한다.
　① 王政　② 裁判　③ 投票　④ 政治

주관식 (31~100번)

■ 다음 한자의 훈음을 쓰시오.

31. 續 (　　)　　32. 脫 (　　)
33. 建 (　　)　　34. 舊 (　　)
35. 論 (　　)　　36. 悲 (　　)
37. 伐 (　　)　　38. 擧 (　　)
39. 練 (　　)　　40. 列 (　　)
41. 更 (　　)　　42. 究 (　　)
43. 丙 (　　)　　44. 惠 (　　)
45. 乙 (　　)

■ 다음 □ 안에 공통으로 들어갈 한자를 〈보기〉에서 찾아 쓰시오.

보기	謝 快 細 均 除 節

46. □電, □次, 季□　(　　)
47. □部, □心, □密　(　　)
48. □感, □樂, 輕□　(　　)
49. □名, □外, □去　(　　)

■ [가로열쇠]와 [세로열쇠]를 읽고, 빈칸에 공통으로 들어갈 한자를 쓰시오.

50. 出 / 女
　가로열쇠: 사물이나 말 따위가 생기거나 나온 근거
　세로열쇠: 결혼하지 아니한 성년 여자

51. 交 / 水
　가로열쇠: 문화나 사상 따위가 서로 통함
　세로열쇠: 흐르는 물

52. 探 / 問
　가로열쇠: 어떤 사람에게 장소를 수소문하여 찾아 봄
　세로열쇠: 남을 찾아 봄

■ 다음 한자어의 독음을 쓰시오.

53. 吉兆 (　　)　　54. 指向 (　　)
55. 救助 (　　)　　56. 認定 (　　)
57. 接受 (　　)　　58. 義務 (　　)
59. 坐視 (　　)　　60. 星辰 (　　)
61. 舊官 (　　)　　62. 充滿 (　　)
63. 談笑 (　　)　　64. 探究 (　　)
65. 窓戶 (　　)　　66. 印章 (　　)
67. 農耕 (　　)

■ 다음 글을 읽고 밑줄 친 부분이 뜻하는 한자를 〈보기〉에서 찾아 쓰시오.

군자가 이웃을 ⁶⁸⁾가려서 사는 것은 환난을 ⁶⁹⁾막기 위함이다.
　　　　　　　　　　　　　-공자

나는 우리나라가 세계에서 가장 ⁷⁰⁾아름다운 나라가 되기를 원한다. 우리나라가 ⁷¹⁾독립하여 정부가 생기거든 그 ⁷²⁾집의 뜰을 쓸고 유리창을 닦는 일을 해 보고 죽게 하소서!
　　　　　　　　　　　　　-백범 김구

어찌하여 그대는 타인의 보고만 믿고 자기 ⁷³⁾눈으로 관찰하거나 ⁷⁴⁾보려고 하지 않는가.
　　　　　　　　　　　　　-갈릴레오 갈릴레이

보기	佳 眼 防 選 脫 舍 獨 慶 看

68. (　　)　　69. (　　)
70. (　　)　　71. (　　)
72. (　　)　　73. (　　)
74. (　　)

11회 한자능력시험 4급 예상문제

■ 다음 밑줄 중 한자어의 독음을 쓰시오.

75. 그는 나에게 평소와 다름없이 인사했고 즐겁게 담소하며 兼業할 사항이었다. ( )

76. 지역 개발을 원하는 일부 과격파의 파괴 행동이 이 지역 주민들을 난처하게 하는 문제이다. ( )

77. 아버지는 체면을 떠나 아낌 없이 나를 사랑하고 무지런하게 가르친다. ( )

78. 不幸 이래의 많은 사람에게 용기를 불어넣어주었다. ( )

79. 그 회사는 사원들을 年齡 순으로 공평하게 대우를 하였다. ( )

80. 이 재래종 감자로부터 전분의 생산에 博士학위 딸 수 있다. ( )

81. 그는 자신이 자선적이란 사실의 칭찬을 정중하게 거부하고 있었다. ( )

82. 그녀의 화려했던 궁정 생활의 種種의 사건은 그대로 模範이 되었다. ( )

83. 각종 변과 시설을 개방하고 가동하여 안정된 생계를 마련했다. ( )

84. 평화적 경쟁이 심화되기에 이르는 상황의 일단을 警護는 구실이었다. ( )

85. 평민 계급 들의 聲援을 마음껏 이 강경한 상황에 의증기는 걸핏하면 있었다. ( )

86. 민법 규정, 商法的 등, 이리라 내용 등 상정적인 이념이 유지된다. ( )

87. 조상의 業績을 기리기 위해 열정하였다. ( )

■ 다음 밑줄 중 ( )안의 음을 한자로 쓰시오.

88. (세공)이 풍요로워지게 마련이었다. ( )

89. 양수에서 (광)물을 발굴하였다. ( )

90. 회사에서 (재정)이 형편을 새롭게 조정하고 있다. ( )

91. 12명이 나의 사치 공(경의)가 부족동할 것이다. ( )

■ 다음 문장의 밑줄 친 한자어 중에서 잘못 쓰여진 것을 고쳐 쓰시오.

92. 그 사람 이곳로 인구주의 사상이 (忠情)들고 있다. ( )

93. 선비인으로서 특별히 (정의)하는 일은 경의지가 있어야다. ( )

94. 축구 경기에서 상호 3골의 동점을 昔用하였다. ( )

95. 사람들의 일반생활 양이 줄 이상할 때 孝道를 느낀다. ( )

■ 다음 문장어의 □안에 알맞은 한자를 <보기>에서 찾아 정답의 번호를 쓰시오.

보기 | 略 借 偉 備 豫 暴 暗 盛 嚴 誠

96. □休 并: '야박한 것도 많다가, 고른 것이 뜻하지 않게 어디서 나타나지 않고 있는 것 같은 사람을 이르는 말' (,)

97. □亡 人: '죽 어렸을 사람이 없어서 중으로, 방자하지 묘하여 돌아오지 다는 사람을 이르는 말' (,)

98. 百 □□: '응 긴 민 있을 때 기르는 이름난 꽃 · 풀 · 새 · 물, 곤충 등의 총칭을 가리키는 뜻으로 상징한 갈원이 이를 말' (,)

99. 毀 □□: '활활 솟는 기시로 높아, 영향을 가 날을 수 있지 다니 매우 감동시 는 경우' (,)

100. 一 □ □: '열 중이에 잘, 으로, 이런 사람만 좋으니 그들이 그만을 가리켜 사 기는 사용을 비유하여 이르는 말' (,)

12회 한자자격시험 4급 예상문제

객관식 (1~30번)

■ 다음 [ ] 안의 한자와 음이 같은 한자는?

1. [印] ① 認 ② 名 ③ 收 ④ 草
2. [故] ① 考 ② 究 ③ 氣 ④ 引
3. [句] ① 聖 ② 究 ③ 景 ④ 辰
4. [連] ① 續 ② 練 ③ 靑 ④ 進
5. [防] ① 害 ② 奉 ③ 訪 ④ 保

■ 다음 [ ] 안의 한자와 뜻이 상대(반대)되는 한자는?

6. [丹] ① 貞 ② 加 ③ 靑 ④ 卒
7. [熱] ① 冷 ② 花 ③ 所 ④ 晶
8. [京] ① 支 ② 老 ③ 强 ④ 鄕

■ 다음 [ ] 안의 한자와 뜻이 비슷한 한자는?

9. [藝] ① 接 ② 政 ③ 家 ④ 技
10. [舍] ① 閑 ② 宅 ③ 硏 ④ 達

■ 다음 〈보기〉의 낱말들과 가장 관련이 깊은 한자는?

11. 보기 판소리 노래방 목소리
    ① 滿 ② 慶 ③ 俗 ④ 唱

12. 보기 정월 장남 신입생
    ① 浴 ② 目 ③ 均 ④ 初

13. 보기 복수 경쟁자 전쟁
    ① 敵 ② 耕 ③ 和 ④ 仙

■ 다음 설명이 뜻하는 한자어는?

14. 다른 나라의 사상, 문화, 제도 따위를 배워 들여옴
    ① 誇張 ② 討議 ③ 輸入 ④ 疏通

15. 현장에 가서 직접 보고 조사함
    ① 根據 ② 踏査 ③ 散策 ④ 蒸散

16. 다른 것에 영향을 받아 어떤 현상이 나타남, 또는 어떤 현상을 나타냄
    ① 反射 ② 臺本 ③ 敍述 ④ 反映

17. 조목을 세워 맺은 언약
    ① 妥協 ② 需要 ③ 條約 ④ 貿易

18. 이전에 경험한 것이 마음속에서 시각적으로 나타나는 상
    ① 埋藏 ② 心象 ③ 血緣 ④ 討議

19. 알갱이의 크기·색·성분 따위가 서로 달라서 위아래의 퇴적암과 구분되는 퇴적암체
    ① 地角 ② 地層 ③ 地震 ④ 地球

20. 시대사조, 학문, 유행 따위의 맨 앞장
    ① 尖端 ② 顚倒 ③ 中繼 ④ 實踐

21. 일정한 수나 한도 따위를 넘음
    ① 無限 ② 函數 ③ 超過 ④ 誇張

22. 몇몇 기업이 어떤 상품 시장의 대부분을 지배하는 상태
    ① 獨占 ② 寡占 ③ 經濟 ④ 恐慌

23. 한 집단의 지배층 계급에 속하는 사람이 죽었을 때 그 사람의 뒤를 따라 강제로 혹은 자진하여 산 사람을 함께 묻던 일
    ① 祭政 ② 埋藏 ③ 封建 ④ 殉葬

■ 다음 문장 중 ( ) 안에 들어갈 한자어로 알맞은 것은?

24. 잘못된 (   ) 고지서를 받아 든 민원인들이 밀려 닥치는 바람에 업무가 마비되었다.
    ① 課稅 ② 納稅 ③ 脫稅 ④ 血稅

25. 보건 당국은 위생법을 어긴 식품 회사에 대해 (   ) 금지를 시켰다.
    ① 販賣 ② 購買 ③ 賣買 ④ 小賣

26. 이 책에서는 기초 과학 분야의 중요 내용을 재미있는 이야기 형식으로 (   )하였다.
    ① 脈絡 ② 宇宙 ③ 綠翠 ④ 敍述

12회 한자자격시험 4급 예상문제

27. 그들이 (　　) 속에 빠진 이유는 늘 앞쪽에서 날아오던 포탄이 갑자기 그들의 배후에서 날아왔기 때문이었다.

① 彷徨　　② 恐慌　　③ 荒凉　　④ 放縱

28. 그는 남에 대한 (　　)를 할 줄 모른다.

① 思慮　　② 保護　　③ 配慮　　④ 考慮

29. 피해 주민들과 (　　)해 정부와 맞서나갈 계획이다.

① 紐帶　　② 期待　　③ 連帶　　④ 責務

30. 듣거나 말하지 못하는 사람들은 수화로 서로의 생각을 (　　)한다.

① 交通　　② 融通　　③ 流通　　④ 疏通

주관식 (31~100번)

■ 다음 한자의 훈음을 쓰시오.

31. 容 (　　　　)　　32. 鮮 (　　　　)

33. 齒 (　　　　)　　34. 坐 (　　　　)

35. 希 (　　　　)　　36. 辰 (　　　　)

37. 復 (　　　　)　　38. 絲 (　　　　)

39. 及 (　　　　)　　40. 癸 (　　　　)

41. 限 (　　　　)　　42. 興 (　　　　)

43. 均 (　　　　)　　44. 燈 (　　　　)

45. 偉 (　　　　)

■ 다음 □ 안에 공통으로 들어갈 한자를 〈보기〉에서 찾아 쓰시오.

보기	街　徒　防　擧　退　佛

46. 國□, 消□, □空　　(　　　　)

47. 信□, 學□, 生□　　(　　　　)

48. 進□, □步, 脫□　　(　　　　)

49. □敎, □經, □寺　　(　　　　)

■ [가로열쇠]와 [세로열쇠]를 읽고, 빈칸에 공통으로 들어갈 한자를 쓰시오.

50.

□	一	가로열쇠	단 하나로 되어 있음
純		세로열쇠	복잡하지 않고 간단함

51.

□	冷	가로열쇠	웃고 즐기면서 이야기함
談		세로열쇠	쌀쌀한 태도로 비웃음

52.

□	線	가로열쇠	기차나 전차의 바퀴가 선로를 벗어남
退		세로열쇠	관계하고 있던 조직이나 단체에서 관계를 끊고 물러남

■ 다음 한자어의 독음을 쓰시오.

53. 往復 (　　　　)　　54. 變則 (　　　　)

55. 聲量 (　　　　)　　56. 支持 (　　　　)

57. 適用 (　　　　)　　58. 感謝 (　　　　)

59. 連續 (　　　　)　　60. 硏修 (　　　　)

61. 到達 (　　　　)　　62. 所持 (　　　　)

63. 伐草 (　　　　)　　64. 遺傳 (　　　　)

65. 安保 (　　　　)　　66. 接待 (　　　　)

67. 倫理 (　　　　)

■ 다음 글을 읽고 밑줄 친 부분이 뜻하는 한자를 〈보기〉에서 찾아 쓰시오.

"네 소원이 무엇이냐?" 하고 하나님이 [68]물으시면, 나는 서슴지 않고 "내 소원은 대한 [69]독립이오." 하고 대답할 것이다." 그 다음 소원은 무엇이냐?" 하면, 나는 또 "우리나라의 독립이오." 할 것이요, 또 "그 다음 소원이 무엇이냐?" 하는 세 번째 물음에도, 나는 더욱 [70]소리를 높여서 "나의 소원은 우리나라 대한의 완전한 자주 독립이오." 하고 대답할 것이다. 동포 여러분! 나 김구의 소원은 이것 하나밖에는 없다. 내 과거의 70 평생을 이 소원을 [71]위해 살아왔고, 현재에도 이 소원 때문에 살고 있고, 미래에도 나는 이 소원을 달하려고 살 것이다. 독립이 없는 백성으로 70 평생에 [72]설움과 부끄러움과 애탐을 받은 나에게는 세상에 [73]가장 좋은 것이 완전하게 자주독립한 나라의 백성으로 살아보다가 죽는 일이다. (중략) 왜 그런고 하면, 독립한 제 나라의 빈천이 남의 밑에 사는 부귀보다 기쁘고, 영광스럽고, [74]희망이 많기 때문이다.

ー백범 김구

12회 한자자격시험 4급 예상문제

| 보기 | 問 營 蜜 獨 聲 爲 最 望 悲 |

68. (   )   69. (   )
70. (   )   71. (   )
72. (   )   73. (   )
74. (   )

■ 다음 문장 중 한자어의 독음을 쓰시오.

75. 일반적으로 속도는 抵抗과 반비례한다. (   )

76. 같은 형제라도 자라난 環境에 따라 차이가 난다. (   )

77. 앞 뒤 脈絡이 닿지 않아 무슨 말인지 모르겠다. (   )

78. 그녀는 옛 追憶을 되살리기 위해 묵은 일기장을 꺼내서 읽었다. (   )

79. 우리 모임은 다른 회원의 推薦이 있어야 가입할 수 있다. (   )

80. 기업들이 投資를 기피하고 있다. (   )

81. 제사는 조상에 대한 恭敬의 표시이다. (   )

82. 導體 중의 전류가 진동함으로써 방사되는 전자기파를 전파라고 한다. (   )

83. '쓸림힘'이란 摩擦力의 북한어이다. (   )

84. 각자의 嗜好에 따라 물건을 선택한다. (   )

85. 비둘기는 평화를 象徵한다. (   )

86. 산책과 독서로 餘暇를 즐긴다. (   )

87. 이 작품은 큰 稀少가치를 지닌다. (   )

■ 다음 문장 중 ( ) 안의 단어를 한자로 쓰시오.

88. 모두가 성공(가능)성을 높이기 위해 노력한다. (   )

89. 타인에 (의존)하는 습관은 버리는 것이 좋다. (   )

90. 그는 (송죽) 같이 굳은 절개를 지녔다. (   )

91. 엄마는 늘 (불량)식품을 먹지 말라고 하셨다. (   )

92. 그의 주장은 (논리)가 정연하였다. (   )

93. 새로운 세탁기 (광고)가 눈에 띄었다. (   )

■ 다음 문장 중 한자어의 잘못된 글자를 바르게 고쳐 쓰시오.

94. 우리나라의 한복은 세계를 대표하는 全統 의상이다. (→   )

95. 일주일에 3~4회 정도의 運童은 성인병 예방에 도움이 된다. (→   )

■ 다음 한자성어의 설명을 읽고 □ 안에 들어갈 알맞은 한자를 〈보기〉에서 찾아 쓰시오.

| 보기 | 言 古 書 勸 權 年 甘 花 草 門 一 萬 滿 苦 |

96. 身□□判   (,   )

의미: 중국 당나라 때에 관리를 등용하는 기준으로 삼았던 '몸·말씨·글씨·판단력'의 네 가지 표준을 이르는 말

97. □不十□   (,   )

의미: '권세는 십 년을 가지 못한다'는 뜻으로, 권세가 오래가지 못함을 이르는 말

98. 藥房□□   (,   )

의미: '약방의 감초'라는 뜻으로, 모든 한약에 감초가 들어간다는 데에서 어떤 일에나 빠지지 않고 끼는 사람을 이르는 말

99. 頂□□針   (,   )

의미: '정수리에 한 대의 침을 놓는다'는 뜻으로, 남의 잘못을 따끔하게 충고하거나 비판함

100. 千辛□□   (,   )

의미: '여러 가지 맵고 쓴 맛'이라는 뜻으로, 온갖 고생을 겪은 경우

13회 한자자격시험 4급 예상문제

객관식 (1~30번)

■ 다음 [ ] 안의 한자와 음이 같은 한자는?

1. [勢] ① 經 ② 律 ③ 收 ④ 細
2. [授] ① 佳 ② 庚 ③ 收 ④ 指
3. [研] ① 喜 ② 禾 ③ 格 ④ 然
4. [酉] ① 系 ② 節 ③ 遺 ④ 酒
5. [井] ① 京 ② 停 ③ 公 ④ 場

■ 다음 [ ] 안의 한자와 뜻이 상대(반대)되는 한자는?

6. [逆] ① 順 ② 共 ③ 保 ④ 仁
7. [舊] ① 新 ② 少 ③ 妄 ④ 察
8. [暗] ① 密 ② 明 ③ 林 ④ 言

■ 다음 [ ] 안의 한자와 뜻이 비슷한 한자는?

9. [久] ① 永 ② 義 ③ 主 ④ 官
10. [製] ① 獨 ② 前 ③ 造 ④ 純

■ 다음 〈보기〉의 낱말들과 가장 관련이 깊은 한자는?

11. 보기 | 쌀밥 국 식당
① 判 ② 包 ③ 反 ④ 飯

12. 보기 | 산 골짜기 계곡
① 列 ② 谷 ③ 達 ④ 首

13. 보기 | 새해 제사 오체투지
① 歲 ② 社 ③ 句 ④ 拜

■ 다음 설명이 뜻하는 한자어는?

14. 비, 눈, 우박, 안개 따위로 일정 기간 동안 일정한 곳에 내린 물의 총량
① 考證學 ② 降水量 ③ 摩擦力 ④ 博覽會

15. 오랫동안 써서 굳어진 대로 늘 사용하는 표현
① 慣用表現 ② 多元社會
③ 突然變異 ④ 排他主義

16. 나라에서 지정하여 법률로 보호하는 문화재
① 討議 ② 確率 ③ 背景 ④ 國寶

17. 반복되는 자극 따위에 반응하지 않고 무감각해지는 상태를 비유적으로 이르는 말
① 描寫 ② 思想 ③ 氣孔 ④ 免疫

18. 사물 따위가 서로 이어져 있는 관계나 연관
① 趣向 ② 抵抗 ③ 脈絡 ④ 紐帶

19. 일이 없어 한가로운 시간
① 寬容 ② 餘暇 ③ 連帶 ④ 志操

20. 유학의 경전을 문자나 어구를 해석하는 방법으로 연구하는 학문
① 博覽會 ② 朔望月 ③ 稀少性 ④ 訓詁學

21. 다른 나라로부터 사들인 물자를 그대로 제삼국으로 수출하는 형식의 무역
① 中繼貿易 ② 皆旣月蝕
③ 大衆媒體 ④ 寒帶氣候

22. 어떤 행위를 한 사람이 누구인지 드러나지 않는 특성
① 揭示板 ② 標準語 ③ 匿名性 ④ 偏西風

23. 표현의 의미를 한 가지로 나타내지 아니하고 문맥을 통하여 여러 가지 뜻을 암시하거나 내포하는 일
① 投票 ② 含蓄 ③ 豫見 ④ 葛藤

■ 다음 문장 중 ( ) 안에 들어갈 한자어로 알맞은 것은?

24. 많은 학생들은 수학의 ( )를 특히 어려워하고 있다.
① 埋葬 ② 慈悲 ③ 責任 ④ 函數

25. 미국의 알래스카만은 ( )의 영향으로 위도에 비해 기온이 높다.
① 不飽和 ② 副都心 ③ 偏西風 ④ 形態素

26. 5월 1일 법의 날은 국민의 ( )을 높이고 법의 존엄성을 강조하기 위하여 제정한 날이다.
① 排他主義 ② 施設作物
③ 帝國主義 ④ 遵法精神

13회 한자자격시험 4급 예상문제

27. 이번 드라마에서 그 배우는 ( )에 충실한 연기를 펼쳤다.
    ① 導體 ② 臺本 ③ 革命 ④ 比喩

28. 정부는 국민의 ( ) 향상을 위해 힘쓰고 있다.
    ① 福祉 ② 販賣 ③ 建設 ④ 埋藏

29. 오리고기는 ( )지방이 많아, 최근 인기를 얻고 있다.
    ① 不飽和 ② 博物館 ③ 形態素 ④ 標準語

30. 우리나라는 무궁화 1호 위성을 발사 성공시켜 ( ) 시대의 개막을 알렸다.
    ① 妥協 ② 宇宙 ③ 地震 ④ 細胞

주관식 (31~100번)

■ 다음 한자의 훈음을 쓰시오.

31. 衆 (   )   32. 尾 (   )
33. 想 (   )   34. 千 (   )
35. 乃 (   )   36. 景 (   )
37. 片 (   )   38. 房 (   )
39. 擧 (   )   40. 否 (   )
41. 藝 (   )   42. 辛 (   )
43. 判 (   )   44. 遺 (   )
45. 拾 (   )

■ 다음 □ 안에 공통으로 들어갈 한자를 〈보기〉에서 찾아 쓰시오.

| 보기 | 精 恩 增 倫 線 聲 |

46. □理, 五□, 天□   (   )
47. □氣, □力, □神   (   )
48. 車□, 光□, 視□   (   )
49. □惠, 報□, □師   (   )

■ [가로열쇠]와 [세로열쇠]를 읽고, 빈칸에 공통으로 들어갈 한자를 쓰시오.

50. | 其 | 가로열쇠 | 자기 나라가 아닌 남의 나라 |
    | 國 | 세로열쇠 | 그것 외에 또 다른 것 |

51. | 戰 | 가로열쇠 | 말다툼 |
    | 音 | 세로열쇠 | 혀를 움직여서 내는 소리 |

52. | 病 | 가로열쇠 | 환자를 보살핌 |
    | 過 | 세로열쇠 | 대강 보아 넘김 |

■ 다음 한자어의 독음을 쓰시오.

53. 意思 (   )   54. 陰陽 (   )
55. 處理 (   )   56. 細筆 (   )
57. 流布 (   )   58. 坐席 (   )
59. 尊重 (   )   60. 認識 (   )
61. 暴徒 (   )   62. 除去 (   )
63. 收給 (   )   64. 危急 (   )
65. 聖君 (   )   66. 造成 (   )
67. 寒波 (   )

■ 다음 글을 읽고 밑줄 친 부분이 뜻하는 한자를 〈보기〉에서 찾아 쓰시오.

울어도 68)눈물이 나오지 않는 대신 69)웃으면 눈물이 나고 70)콧물이 많아지고 귀가 울리고 71)밥을 먹을 때는 침이 말라 괴로운데 자려고 누우면 침이 흘러 넘치고 소변도 모르는 사이에 실수하게 되고 대변은 변비 또는 설사를 하여 낮에는 졸음이 많으나 밤에는 말똥말똥 잠을 못 이루는 것이 노인병이니라.
-《동의보감》

72)권력을 좇고 세력에 붙는 재앙은 참혹하고 아주 빠르며, 고요함에 살고 편함을 73)지키는 맛은 74)가장 맑고 가장 오래 가느니라.
-《채근담》

| 보기 | 治 眼 保 權 鼻 飯 絲 笑 最 |

68. (   )   69. (   )
70. (   )   71. (   )
72. (   )   73. (   )
74. (   )

13회 한자능력시험 4급 예상문제

■ 다음 밑줄 친 한자어의 독음을 쓰시오.

75. 그 동물 標本이 나무 궤짝에 담겨져 있다. ( )

76. 성질들이 잘기 몸에 毒素가 쌓여 날과민성이 가중된다면 왜야 한다. ( )

77. 博覽會는 도시의 인기와 경제를 상승시킨다. ( )

78. 크리스마스 전야에 마당에 등 열이 켜져 10으로 이웃을 轉轉反側 지었다. ( )

79. 공직인 자리에서 사퇴하고자 하는 辭表를 사용하는 것이 좋다. ( )

80. 이웃보기에 싫지 않은 正業들이 거리에 자리한다. ( )

81. 회가 이끈 약탈자들이 상점 모든 시민들의 조공했다. ( )

82. 다른 사람에 대한 사람들의 생각은 이야기 이야기 조종해주는 魔法書로 이미 변해있다. ( )

83. 영양 饒富를 등에 장기적인 자신을 저해하는 수 있다. ( )

84. 아이들에게는 그 縮小版 때문에 농구에 더욱 가까이 다가가게 있다. ( )

85. 湖海水震의 원인을 알기까지 아이들이 충분하다. ( )

86. 정어리 고교로 재료로 그 제품은 無益은 가 급등하였다. ( )

87. 2차 세계대전 당시 英國王室 가기 더 많은 사진을 사용했다. ( )

88. 아기 이름 맺는 작명 (作名) 이사님께 맞아야 한다. ( )

89. 반장이에게 (忠誠) 가 적나라고 있다. ( )

90. 국민의 (民意) 는 국익이 적아야 한다. ( )

■ 다음 밑줄 중 ( ) 안의 말을 漢字로 쓰시오.

91. 아이들의 (성장) 속도가 빨리 등이 커졌다. ( )

92. 진실한 상거래 전술 (대통) 이 명분이 나아야 한다. ( )

93. 탐험자에게 기후는 여름만 배부에 (쪽업) 지치었다. ( )

94. 공용이 열리는 단터라도 들고 사진감히라면 음시향 수 있다. ( )

95. 식물일 날이 합성대상에 1190세 통제해야 한다. ( )

■ 다음 훈음 중 한자어의 정음이 크기 마지막 고치 쓰시오.

보기 背 府 府 方 斗 々 護 無 小 ニ 又 標

96. □ 帝背 (,)

97. □ 甲 □ 乙 (,)

98. □ 擴 □ 一 (,)

99. □ 小 □ (,)

100. □ 正 □ 正 (,)

■ 다음 한자어의 유의어 등이 □ 안에 들어갈 알맞은 한자를 〈보기〉에서 골라 넣으시오.

14회 한자자격시험 4급 예상문제

객관식 (1~30번)

■ 다음 [ ] 안의 한자와 음이 같은 한자는?

1. [走] ① 干 ② 朱 ③ 協 ④ 巡
2. [筆] ① 書 ② 必 ③ 編 ④ 位
3. [庚] ① 耕 ② 和 ③ 保 ④ 癸
4. [稅] ① 組 ② 歲 ③ 建 ④ 更
5. [卯] ① 卵 ② 舌 ③ 妙 ④ 由

■ 다음 [ ] 안의 한자와 뜻이 상대(반대)되는 한자는?

6. [海] ① 則 ② 金 ③ 約 ④ 陸
7. [善] ① 野 ② 伐 ③ 快 ④ 惡
8. [陰] ① 證 ② 姓 ③ 陽 ④ 救

■ 다음 [ ] 안의 한자와 뜻이 비슷한 한자는?

9. [探] ① 爭 ② 訪 ③ 經 ④ 深
10. [勢] ① 權 ② 論 ③ 尹 ④ 怒

■ 다음 <보기>의 낱말들과 가장 관련이 깊은 한자는?

11. 보기 | 총리 영의정 구청장
    ① 求 ② 解 ③ 道 ④ 官

12. 보기 | 고추 마늘 매운탕
    ① 辛 ② 天 ③ 黃 ④ 又

13. 보기 | 여자 땅 그늘
    ① 陰 ② 針 ③ 短 ④ 正

■ 다음 설명이 뜻하는 한자어는?

14. 국가 간의 권리와 의무를 국가 간의 합의에 따라 법적 구속을 받도록 규정하는 행위
    ① 儉素 ② 導體 ③ 巖石 ④ 條約

15. 행동, 성격 따위가 느리고 게으름
    ① 價値 ② 懶怠 ③ 放縱 ④ 福祉

16. 사람의 마음에 일어나는 여러 가지 감정
    ① 納稅 ② 情緒 ③ 含蓄 ④ 比喩

17. 일정한 계약에 의하여 은행이나 우체국 따위에 돈을 맡기는 일
    ① 預金 ② 環境 ③ 輿論 ④ 隔差

18. 사실보다 지나치게 불려서 나타냄
    ① 趣向 ② 臺本 ③ 可採 ④ 誇張

19. 사물이 한쪽으로 기울지 않고 안정해 있음
    ① 平衡 ② 革命 ③ 令狀 ④ 豫見

20. 한 나라에서 공용으로 쓰는 규범으로서의 언어
    ① 副都心 ② 降水量 ③ 偏西風 ④ 標準語

21. 고대사회에서 흔히 볼 수 있는 제사와 정치가 일치하는 정치 형태
    ① 寒帶氣候 ② 祭政一致 ③ 潮境水域 ④ 蒸散作用

22. 대법원 및 대법원이 관할하는 기관을 통틀어 이르는 말
    ① 症候群 ② 形態素 ③ 司法府 ④ 卑俗語

23. 혼란 없이 순조롭게 이루어지게 하는 사물의 순서나 차례
    ① 血緣 ② 秩序 ③ 氣團 ④ 模倣

■ 다음 문장 중 ( ) 안에 들어갈 한자어로 알맞은 것은?

24. 학생으로서 그가 한 행동은 (   ) 밖의 것이었다.
    ① 志操 ② 地層 ③ 情緒 ④ 常識

25. 농가에서는 비닐하우스, 온실에서 재배되는 (   ) 등을 통해 소득을 높이고 있다.
    ① 施設作物 ② 蒸散作用 ③ 遵法精神 ④ 封建制度

26. 이 지도는 (   ) 오만 분의 일인 보급용 지도이다.
    ① 寬容 ② 縮尺 ③ 脈絡 ④ 還穀

27. 유치진은 우리나라의 대표적인 (   ) 작가이다.
    ① 戱曲 ② 恭敬 ③ 反映 ④ 效率

14회 한자자격시험 4급 예상문제

28. 앙리4세는 낭트칙령을 발표하여, 상업을 발전시키고 인구를 증가시켜 (   )의 기초를 다졌다.
① 絕對王政　　　　② 蒸散作用
③ 衛星都市　　　　④ 大衆媒體

29. 국민은 국방, 근로, 교육, (   )의 4대 의무를 지닌다.
① 干拓　② 慣性　③ 埋藏　④ 納稅

30. 그는 교사로서 자신의 일에 (   )를 느끼고 있었다.
① 背景　② 矜持　③ 福祉　④ 隔差

주관식 (31~100번)

■ 다음 한자의 훈음을 쓰시오.

31. 戌 (   )　　32. 純 (   )
33. 寺 (   )　　34. 耕 (   )
35. 權 (   )　　36. 尾 (   )
37. 授 (   )　　38. 保 (   )
39. 禁 (   )　　40. 波 (   )
41. 精 (   )　　42. 蟲 (   )
43. 敎 (   )　　44. 盛 (   )
45. 密 (   )

■ 다음 □ 안에 공통으로 들어갈 한자를 <보기>에서 찾아 쓰시오.

보기	察　神　防　最　應　脫

46. □高 , □新 , □上　(   )
47. □妙 , □技 , □通　(   )
48. □答 , 對□ , □報　(   )
49. □水 , □火 , □止　(   )

■ [가로열쇠]와 [세로열쇠]를 읽고, 빈칸에 공통으로 들어갈 한자를 쓰시오.

50.
	惠	가로열쇠	자연이나 남에게서 받는 고마운 혜택
功		세로열쇠	은혜와 공로

51.
	常	가로열쇠	예사롭지 않고 특별함
行		세로열쇠	잘못되거나 그릇된 행위

52.
	士	가로열쇠	국가와 민족을 위해 목숨을 바친 애국 열사
務		세로열쇠	마땅히 해야 할 직분

■ 다음 한자어의 독음을 쓰시오.

53. 探究 (   )　　54. 適量 (   )
55. 拾得 (   )　　56. 妙味 (   )
57. 旅客 (   )　　58. 舍屋 (   )
59. 誤解 (   )　　60. 英雄 (   )
61. 謝禮 (   )　　62. 要領 (   )
63. 人倫 (   )　　64. 接骨 (   )
65. 遺産 (   )　　66. 休務 (   )
67. 調練 (   )

■ 다음 글을 읽고 밑줄 친 부분이 뜻하는 한자를 <보기>에서 찾아 쓰시오.

국가 존망의 [68]위기를 [69]보면 천명을 [70]받은 것 같이 [71]생각하고, [72]이익을 보면 먼저 정의를 생각하라. 하루라도 [73]책을 읽지 [74]아니하면 입속에 가시가 생길 것이다.

-안중근 의사

보기	益　受　卯　想　看　寅　冊　不　危

68. (   )　　69. (   )
70. (   )　　71. (   )
72. (   )　　73. (   )
74. (   )

■ 다음 문장 중 한자어의 독음을 쓰시오.

75. 그는 기준량을 超過 달성하여, 다른 사람의 모범이 되었다. (   )

76. 이해하지 않고 무조건 암기하는 학습태도는 效率이 떨어진다. (   )

14회 한자자격시험 4급 예상문제

77. 교통과 통신의 발달로 세계는 바야흐로 **地球村** 시대가 되었다. (　　　)

78. 중세 유럽은 사회적으로 **封建制度**가 지배하고 있었다. (　　　)

79. 계속되는 인플레이션으로 세계는 경제**恐慌**을 염려하고 있다. (　　　)

80. 후원에는 대밭이 무성하고 그 뒤로 높은 **莊園**을 둘러싼 울 밖에는 다시 송림이 우거져 있다. (　　　)

81. 우리나라는 남과 북이 갈라진 세계 유일의 **分斷**국가이다. (　　　)

82. 자기만을 고집하고 남을 무조건 거부하는 **排他主義**는 사회 발전의 독소가 된다. (　　　)

83. 중국 청나라 시대에는 옛 문헌에서 확실한 증거를 찾아 경서를 설명하는 **考證學**이 발달하였다. (　　　)

84. 노사 간의 **葛藤**이 점점 커져 나라 경제에 위험 요소가 되고 있다. (　　　)

85. 그녀를 보면 나도 모르게 향기로운 장미가 **聯想**된다. (　　　)

86. 이 **辭典**은 어휘가 자세하게 설명되어 있고 예문이 풍부해 베스트셀러가 되었다. (　　　)

87. 디지털 시대의 새로운 **症候群**인 디지털 치매가 확산되고 있다. (　　　)

■ 다음 문장 중 (　) 안의 단어를 한자로 쓰시오.

88. 우리나라의 (행복) 지수는 그리 높지 않다. (　　　)

89. 학자들 간에 격렬한 (논쟁)이 계속되었다. (　　　)

90. 그 무용수는 끊임없는 (연습)으로 세계 정상에 올랐다. (　　　)

91. 관객석에서 (기립) 박수로 이어졌다. (　　　)

92. 내년이 오면 새로운 (희망)이 떠오르겠지. (　　　)

93. 인간의 (한계)에 도전한다. (　　　)

■ 다음 문장 중 한자어의 잘못된 글자를 바르게 고쳐 쓰시오.

94. 친구 **決婚**식장에 많은 하객들이 참석을 하였다. (　→　)

95. 졸업식 수상자에 내 이름이 **好名**되었다. (　→　)

■ 다음 한자성어의 설명을 읽고 □ 안에 들어갈 알맞은 한자를 〈보기〉에서 찾아 쓰시오.

보기: 敬 京 孝 報 因 利 施 說 恩 單 春 到 刀 夏 秋

96. □老□親　　　(　,　)

의미: 어른을 공경하고 어버이에 효도함

97. 結草□□　　　(　,　)

의미: 죽은 뒤에라도 은혜를 잊지 않고 갚음을 이르는 말

98. 甘言□□　　　(　,　)

의미: 귀가 솔깃하도록 남의 비위를 맞추거나 이로운 조건을 내세워 꾀는 말

99. □□直入　　　(　,　)

의미: '혼자서 칼 한 자루를 들고 적진으로 곧장 쳐들어 간다'는 뜻으로, 말을 하거나 글을 쓸 때, 여러 말을 늘어놓지 아니하고 바로 요점이나 본문제를 중심적으로 말함

100. □□筆法　　　(　,　)

의미: 5경의 하나인 《춘추》와 같이 비판의 태도가 썩 엄정함을 이르는 말, 대의명분을 밝혀 세우는 사필 준엄한 논법

15회 한자자격시험 4급 예상문제

객관식 (1~30번)

■ 다음 [ ] 안의 한자와 음이 같은 한자는?

1. [否] ① 婦 ② 甲 ③ 治 ④ 産
2. [絲] ① 重 ② 課 ③ 巳 ④ 敎
3. [鮮] ① 善 ② 仁 ③ 壬 ④ 申
4. [精] ① 智 ② 戌 ③ 井 ④ 承
5. [指] ① 情 ② 持 ③ 歲 ④ 調

■ 다음 [ ] 안의 한자와 뜻이 상대(반대)되는 한자는?

6. [解] ① 價 ② 功 ③ 效 ④ 結
7. [着] ① 放 ② 發 ③ 尾 ④ 察
8. [私] ① 密 ② 公 ③ 福 ④ 妨

■ 다음 [ ] 안의 한자와 뜻이 비슷한 한자는?

9. [計] ① 意 ② 萬 ③ 史 ④ 算
10. [復] ① 他 ② 故 ③ 更 ④ 夫

■ 다음 〈보기〉의 낱말들과 가장 관련이 깊은 한자는?

11. 보기 | 휴전선 | 방충망 | 방패 |
    ① 防 ② 弗 ③ 致 ④ 卯

12. 보기 | 탱크 | 군사 | 6.25 |
    ① 戰 ② 列 ③ 災 ④ 手

13. 보기 | 이병 | 입학 | 병사 |
    ① 求 ② 卒 ③ 任 ④ 權

■ 다음 설명이 뜻하는 한자어는?

14. 사치하지 않고 꾸밈없이 수수함
    ① 儉素 ② 懶怠 ③ 檢閱 ④ 純粹

15. 표현의 의미를 한 가지로 나타내지 아니하고 문맥을 통하여 여러 가지 뜻을 암시하거나 내포하는 일
    ① 含蓄 ② 肯定 ③ 模倣 ④ 象徵

16. 차례, 위치, 이치, 가치관 따위가 뒤바뀌어 원래와 달리 거꾸로 됨
    ① 交替 ② 旋回 ③ 回轉 ④ 顚倒

17. 남의 잘못을 너그럽게 받아들이거나 용서함
    ① 心象 ② 埋藏 ③ 慣性 ④ 寬容

18. 영리를 얻기 위하여 재화나 용역을 생산하고 판매하는 조직체
    ① 國家 ② 家庭 ③ 企業 ④ 社會

19. 즐기고 좋아함
    ① 價値 ② 嗜好 ③ 輸入 ④ 納稅

20. 추상적인 사물이나 관념 또는 사상을 구체적인 사물로 나타내는 일, 또는 그 사물
    ① 象徵 ② 趣向 ③ 反射 ④ 背景

21. 부지런히 일하며 힘씀
    ① 寬容 ② 葛藤 ③ 勤勉 ④ 納稅

22. 그러하다고 생각하여 옳다고 인정함
    ① 自律 ② 誇張 ③ 肯定 ④ 呼應

23. 다른 것에 영향을 받아 어떤 현상이 나타남, 또는 어떤 현상을 나타냄
    ① 反映 ② 反射 ③ 抽出 ④ 拔萃

■ 다음 문장 중 ( ) 안에 들어갈 한자어로 알맞은 것은?

24. 공장에서 배출되는 오염물질의 (   )가 배출허용기준 이내라 하더라도 부과금을 물도록 하였다.
    ① 氣壓 ② 濃度 ③ 確率 ④ 尊嚴

25. (   ) 관람은 우리 문화를 익히고 체험하는 데에 좋은 기회가 된다.
    ① 多元社會 ② 揭示板
    ③ 官廳 ④ 博物館

26. 후천성 (   ) 결핍증의 확산으로 동성애자들은 다시금 차가운 시선을 받게 되었다.
    ① 干拓 ② 恐慌 ③ 免疫 ④ 感染

15회 한자자격시험 4급 예상문제

27. 도시 농업은 (　　) 활용과 생태적 차원에서 여러 장점이 있다.
　① 分析　② 餘暇　③ 趣向　④ 效率

28. 오늘은 우리 민족이 남북으로 갈라진 세계사적 (　　)에 대해서 논의할 것이다.
　① 俳優　② 臺本　③ 導體　④ 背景

29. 그 영화는 흑인들을 아주 야만적으로 (　　)하여 인종적 편견을 드러내었다.
　① 描寫　② 妥協　③ 納稅　④ 條約

30. 아들은 아버지의 동작을 보고 그것을 (　　)하여 사냥을 배웠다.
　① 描寫　② 慣性　③ 導體　④ 模倣

주관식 (31~100번)

■ 다음 한자의 훈음을 쓰시오.

31. 滿 (　　)　　32. 倫 (　　)
33. 冊 (　　)　　34. 移 (　　)
35. 及 (　　)　　36. 則 (　　)
37. 鮮 (　　)　　38. 乾 (　　)
39. 應 (　　)　　40. 怒 (　　)
41. 松 (　　)　　42. 飯 (　　)
43. 其 (　　)　　44. 否 (　　)
45. 律 (　　)

■ 다음 □ 안에 공통으로 들어갈 한자를 〈보기〉에서 찾아 쓰시오.

보기	獨 遺 治 判 朱 祭

46. □明, □斷, 決□　　(　　)
47. □産, □言, □書　　(　　)
48. □黃, □紅, 印□　　(　　)
49. □安, 完□, 法□　　(　　)

■ [가로열쇠]와 [세로열쇠]를 읽고, 빈칸에 공통으로 들어갈 한자를 쓰시오.

50.
| 假 | 가로열쇠 | 어떠한 장소의 겉으로 드러난 면, 또는 그 광경 |
| 場 | 세로열쇠 | 나무, 종이 등으로 만든 얼굴의 형상, 탈 |

51.
| 情 | 가로열쇠 | 마음을 다하여 부모를 섬기는 정성 |
| 孝 | 세로열쇠 | 온갖 힘을 다하려는 참되고 성실한 마음 |

52.
| 落 | 가로열쇠 | 자신이 나서 자란 곳 |
| 故 | 세로열쇠 | 서울에서 시골로 거처를 옮기거나 이사함 |

■ 다음 한자어의 독음을 쓰시오.

53. 財貨 (　　)　　54. 均等 (　　)
55. 待遇 (　　)　　56. 淸溪 (　　)
57. 危急 (　　)　　58. 祝祭 (　　)
59. 權力 (　　)　　60. 調節 (　　)
61. 增進 (　　)　　62. 希望 (　　)
63. 競技 (　　)　　64. 是非 (　　)
65. 旅行 (　　)　　66. 買收 (　　)
67. 權益 (　　)

■ 다음 글을 읽고 밑줄 친 부분이 뜻하는 한자를 〈보기〉에서 찾아 쓰시오.

내가 80세가 되기까지 원기 왕성하게 하루도 쉬지 않고 68)연구를 69)계속할 수 있는 비결이란 다른 것이 아니다. 나는 쓸데없는 일로 나를 피로하게 만들지 않았을 따름이다. 70)앉을 수 있는 71)곳에서는 앉고, 누울 수 있는 곳에서는 누워서 몸을 쉬었다. 쓸데없이 몸을 72)일으키거나 서 있지 않았다.
　　　　　　　　　　　　　-에디슨

가난의 73)고통을 없애는 방법은 두 가지다. 자기의 재산을 늘리는 것과 자신의 욕망을 줄이는 것이다. 전자는 우리의 힘으로 74)해결되지 않지만 후자는 언제나 우리의 마음가짐으로 가능하다.
　　　　　　　　　　　　　-톨스토이

보기	苦 起 續 處 私 松 解 研 坐

68. (　　)　　69. (　　)
70. (　　)　　71. (　　)

15회 한자자격시험 4급 예상문제

72. (   )   73. (   )
74. (   )

■ 다음 문장 중 한자어의 독음을 쓰시오.

75. 그는 논리 **抽出**의 예리한 시각과 논리 개진의 완벽한 방법에 놀랐다. (   )

76. 차가운 **氣團** 때문에 7월이 되어도 낮 최고 기온이 25도 안팎밖에 되지 않는 기현상이 빚어지고 있다. (   )

77. **大衆媒體**의 폭력성, 음란성, 퇴폐성이 청소년 비행의 주요인이라는 지적이 있다. (   )

78. 그는 종종 국수주의자나 **排他主義**자로 오인되기도 한다. (   )

79. 웃을 뿐 말이 없으나 이심전심 의사가 잘 **疏通**되고 아주 비위에 맞는 친구다. (   )

80. 아버지와 함께 라디오에 맞추어 **體操**를 하려고 모두 일어나서 자리를 개는 모양이다. (   )

81. **尖端** 의료 장비 분야에서는 아직도 국산화율이 낮다. (   )

82. 한자 한문 교육과 우리말 교육은 **密接**한 관계가 있다. (   )

83. 인간은 **宇宙**에서 티끌보다 더 하찮은 존재일 수도 있다. (   )

84. 한 달 전부터 **豫見**되던 이직이었으나 어찌 된 셈인지 재단 측은 그 보충을 서두르지 않았다. (   )

85. **殉葬**제의 성행이 곧 노예제 사회임을 증명하는 것은 아니다. (   )

86. 그들은 만주의 수림 많고 **巖石** 많은 산기슭의 척박한 땅과 악전고투하였다. (   )

87. 중국 진나라 초기, 죽림에 모여 청담으로 세월을 보낸 일곱 명의 선비를 일컬어 **竹林七賢**이라고 한다. (   )

■ 다음 문장 중 (   ) 안의 단어를 한자로 쓰시오.

88. 선생님의 (지시) 사항을 잘 들어라. (   )

89. 금메달의 (영광)을 온 국민에게 알렸다. (   )

90. 한강물이 불어 수위가 (증가)하였다. (   )

91. 기나긴 여정을 마치고 고향에 (도착)했다. (   )

92. 그 성당은 규모가 (웅대)하고 장엄하였다. (   )

93. 이 아이는 나와 (동갑)이다. (   )

■ 다음 문장 중 한자어의 잘못된 글자를 바르게 고쳐 쓰시오.

94. 현대 사회에서 **慶争력**을 가지기 위해 많은 것을 배워야 한다. (→   )

95. 졸업 작품 **傳示**가 있어서 바쁜 시간을 보내고 있다. (→   )

■ 다음 한자성어의 설명을 읽고 □ 안에 들어갈 알맞은 한자를 〈보기〉에서 찾아 쓰시오.

보기 | 一 治 佳 人 戌 安 難 興 律 意 席 口 悲

96. □盡□來   (,   )

의미 '즐거운 일이 다하면 슬픈 일이 온다'는 뜻으로, 세상일이 돌고 돎을 이르는 말

97. 才子□□   (,   )

의미 재주가 있는 남자와 아름다운 여자

98. 坐不□□   (,   )

의미 '앉아도 자리가 편안하지 않다'는 뜻으로, 불안하거나 걱정스러워 한군데에 가만히 앉아 있지 못하고 안절부절못하는 모양을 이르는 말

99. 衆□□防   (,   )

의미 '여러 사람의 입은 막기가 어렵다'는 뜻으로, 많은 사람이 마구 떠들어대는 소리는 감당하기 어려움

100. 千篇□□   (,   )

의미 '천 편이 모두 한 가지 운율'이라는 뜻으로, 시문(**詩文**)이나 사물이 독특한 개성 없이 모두 비슷비슷함

16회 한자자격시험 4급 예상문제

객관식 (1~30번)

■ 다음 [ ] 안의 한자와 음이 같은 한자는?

1. [政] ① 誠 ② 停 ③ 重 ④ 章
2. [假] ① 根 ② 困 ③ 價 ④ 擧
3. [久] ① 處 ② 呼 ③ 順 ④ 救
4. [癸] ① 發 ② 現 ③ 失 ④ 溪
5. [練] ① 往 ② 事 ③ 連 ④ 忘

■ 다음 [ ] 안의 한자와 뜻이 상대(반대)되는 한자는?

6. [鄕] ① 英 ② 修 ③ 京 ④ 足
7. [尾] ① 好 ② 首 ③ 因 ④ 見
8. [受] ① 授 ② 集 ③ 課 ④ 辰

■ 다음 [ ] 안의 한자와 뜻이 비슷한 한자는?

9. [兵] ① 卒 ② 蟲 ③ 度 ④ 將
10. [完] ① 冠 ② 笑 ③ 電 ④ 全

■ 다음 〈보기〉의 낱말들과 가장 관련이 깊은 한자는?

11. 보기 | 비둘기 까치 참새
    ① 區 ② 鳥 ③ 時 ④ 應

12. 보기 | 기러기 부리 날개
    ① 曲 ② 乙 ③ 伐 ④ 食

13. 보기 | 돌다리 송사리 물
    ① 夕 ② 溪 ③ 産 ④ 物

■ 다음 설명이 뜻하는 한자어는?

14. 생각한 바를 실제로 행함
    ① 比較 ② 實踐 ③ 聯想 ④ 豫見

15. 부지런히 일하며 힘씀
    ① 寬容 ② 葛藤 ③ 勤勉 ④ 納稅

16. 의지와는 관계없이, 자극에 대하여 일정한 반응을 기계적으로 일으키는 현상
    ① 脈絡 ② 嗜好 ③ 反射 ④ 反映

17. 사람의 마음에 일어나는 여러 가지 감정, 또는 감정을 불러일으키는 기분이나 분위기
    ① 慈悲 ② 尊嚴 ③ 情緖 ④ 追憶

18. 지도에서의 거리와 지표에서의 실제 거리와의 비율
    ① 慣性 ② 氣孔 ③ 縮尺 ④ 推薦

19. 이익을 얻기 위하여 어떤 일이나 사업에 자본을 대거나 시간이나 정성을 쏟음
    ① 實踐 ② 比率 ③ 投資 ④ 妥協

20. 빛깔이나 명암 따위의 짙음과 옅음의 정도
    ① 濃度 ② 根據 ③ 質量 ④ 抵抗

21. 남을 배척하는 사상 경향
    ① 排他主義 ② 帝國主義
    ③ 絶對王政 ④ 祭政一致

22. 신체 각 부분의 고른 발육과 건강의 증진을 위하여 일정한 형식으로 몸을 움직임, 또는 그런 운동
    ① 體力 ② 散策 ③ 體操 ④ 舞踊

23. 지나간 일을 돌이켜 생각함, 또는 그런 생각
    ① 慈悲 ② 尊嚴 ③ 情緖 ④ 追憶

■ 다음 문장 중 ( ) 안에 들어갈 한자어로 알맞은 것은?

24. 정보 (   )가 없는 사회를 위한 방안이 논의됐다.
    ① 尊嚴 ② 隔差 ③ 平衡 ④ 責任

25. 그는 (   )한 이 나라의 관기를 바로잡기 위하여 오전 아홉 시면 영락없이 등청을 해왔다.
    ① 倦怠 ② 納稅 ③ 恐慌 ④ 懶怠

26. (   )와는 거리가 먼 그 부부의 집안 꾸미는 사치는 유난스러울 정도였다.
    ① 儉素 ② 金融 ③ 肯定 ④ 配慮

16회 한자자격시험 4급 예상문제

27. 그는 여자의 (   )는 정조라는 사고를 가지고 있었다.

　① 踏査　　② 脈絡　　③ 志操　　④ 寡占

28. 보석, 모피, (   ) 통장에만 눈이 팔려 사진 몇 장 없어진 것쯤을 눈치채지 못했으리라.

　① 預金　　② 誓約　　③ 保管　　④ 需要

29. 물속의 녹색식물은 광합성 작용에 의하여 물속의 이산화탄소를 (   )하고 산소를 내놓는다.

　① 生産　　② 疏通　　③ 消費　　④ 販賣

30. 막히는 도로나 오르막에서는 에어컨을 저단으로 낮추지 않으면 냉방 (   )이 떨어진다.

　① 分析　　② 餘暇　　③ 趣向　　④ 效率

주관식 (31~100번)

■ 다음 한자의 훈음을 쓰시오.

31. 陰 (　　　　)　　32. 精 (　　　　)

33. 處 (　　　　)　　34. 婚 (　　　　)

35. 建 (　　　　)　　36. 舍 (　　　　)

37. 呼 (　　　　)　　38. 悲 (　　　　)

39. 聲 (　　　　)　　40. 誤 (　　　　)

41. 節 (　　　　)　　42. 尊 (　　　　)

43. 初 (　　　　)　　44. 請 (　　　　)

45. 笑 (　　　　)

■ 다음 □ 안에 공통으로 들어갈 한자를 〈보기〉에서 찾아 쓰시오.

보기	響　解　除　蟲　選　巨

46. □齒 , 食□ , 害□　　(　　　　)

47. □決 , □答 , □散　　(　　　　)

48. □去 , □外 , □名　　(　　　　)

49. □頭 , □金 , □人　　(　　　　)

■ [가로열쇠]와 [세로열쇠]를 읽고, 빈칸에 공통으로 들어갈 한자를 쓰시오.

50.

確		가로열쇠	확실히 보존함
	溫	세로열쇠	일정한 온도를 보존함

51.

農		가로열쇠	경작하는 땅
	地	세로열쇠	논밭을 갈아 농사를 지음

52.

平		가로열쇠	확실히 보존함
	登	세로열쇠	일정한 온도를 보존함

■ 다음 한자어의 독음을 쓰시오.

53. 倫理 (　　　　)　　54. 念佛 (　　　　)

55. 修養 (　　　　)　　56. 擧手 (　　　　)

57. 探究 (　　　　)　　58. 接受 (　　　　)

59. 暴惡 (　　　　)　　60. 寒波 (　　　　)

61. 禁止 (　　　　)　　62. 政勢 (　　　　)

63. 旅客 (　　　　)　　64. 名節 (　　　　)

65. 過密 (　　　　)　　66. 加減 (　　　　)

67. 判定 (　　　　)

■ 다음 글을 읽고 밑줄 친 부분이 뜻하는 한자를 〈보기〉에서 찾아 쓰시오.

나는 어릴 때, 가난 속에서 자랐기 때문에 온갖 고생을 참으며 살았다. 겨울이 되어도 팔꿈치가 노출되는 헌 옷을 입었고, 발가락이 나오는 헌 구두를 신었다. 그러나 소년시절의 고생은 용기와 [68]희망과 근면을 배우는 [69]하늘의 은총이라 [70]생각하지 않으면 안 된다. [71]영웅과 [72]위인은 모두 가난 속에 태어났다. 성실 근면하며, 자신의 일에 최선을 다한다는 정신만 있으면, 가난한 집 아이들은 반드시 큰 꿈을 이룰 수 있다. 헛되이 빈고(貧苦)를 [73]슬퍼하고 역경을 맞아 울기만 하지 말고, 미래의 밝은 빛을 향해 분투 노력하며 성공을 [74]쟁취하지 않으면 안 된다.

－링컨

보기	想　悲　片　取　偉　雄　井　希　乾

68. (　　　　)　　　　69. (　　　　)

70. (　　　　)　　　　71. (　　　　)

16회 한자자격시험 4급 예상문제

72. (   )   73. (   )
74. (   )

■ 다음 문장 중 한자어의 독음을 쓰시오.

75. 그는 革命 의지를 갖고 있지 않다. (   )

76. 구름에 덮힌 산은 잃었던 尊嚴을 찾은 듯이 의젓한 태를 과시했다. (   )

77. 나이 든 구세대가 젊은이들에게 널리 쓰이는 隱語를 이해하기란 무척 어려운 일이다. (   )

78. 그는 적절한 比喩와 어휘를 구사했다. (   )

79. 할아버지에게는 사회의 需要 변화에 꼭 앞장서야 할 특별한 이유가 없었다. (   )

80. 그는 중세 국어의 音韻 현상을 연구한다. (   )

81. 칠병이는 강차석의 침묵을 자기 말에 대한 肯定으로 받아들였는지 한술 더 떴다. (   )

82. 남편이 放縱할수록 부인의 질투심은 극단으로 치달았다. (   )

83. 司法府의 독립은 행정부의 힘을 견제하는 한 방법이 될 수 있다. (   )

84. 서울 주변의 소도시들은 衛星都市, 또는 주택 도시로서 수도 서울의 기능을 분담하고 있다. (   )

85. 국립 보건원은 급성 호흡기 症候群을 제4군 법정 전염병으로 지정했다. (   )

86. 아주 고집불통인 사내와 지리멸렬한 討議를 하고 있는 것처럼 답답한 생각이 들었다. (   )

87. 왕인지는 訓詁學에 업적을 남겼다. (   )

■ 다음 문장 중 ( ) 안의 단어를 한자로 쓰시오.

88. 시원한 (계곡)에 오니 더위가 가신다. (   )

89. 공부는 내용을 얼마나 잘 (요약)하느냐에 달려 있다. (   )

90. 올 들어 새로운 (해충)이 나타났다고 한다. (   )

91. 법원의 (판결)이 이제야 나오게 되었다. (   )

92. 그 (속담)에는 교훈이 담겨 있다. (   )

93. 지구의 대륙도 조금씩 (이동)하는 것으로 밝혀졌다. (   )

■ 다음 문장 중 한자어의 잘못된 글자를 바르게 고쳐 쓰시오.

94. 119 救租대원은 어려운 상황에서도 두려워하지 않고 나선다. (→   )

95. 우리는 상대방의 효章을 잘 이해하려고 노력해야 한다. (→   )

■ 다음 한자성어의 설명을 읽고 □ 안에 들어갈 알맞은 한자를 〈보기〉에서 찾아 쓰시오.

| 보기 | 者 尾 西 下 有 誠 鼻 解 笑 走 假 眼 骨 三 |

96. 結□□之   (,   )

의미: '맺은 사람이 그것을 풀어야 한다'는 뜻으로, 일을 벌인 사람이 그 일을 마무리해야 함

97. 東奔□□   (,   )

의미: '동쪽으로 달리고 서쪽으로 달린다'는 뜻으로, 여기저기 몹시 바쁘게 돌아다님

98. □□無人   (,   )

의미: '눈 아래에 사람이 없다'는 뜻으로, 방자하고 교만하여 다른 사람을 업신여김을 이르는 말

99. 言中□□   (,   )

의미: '말 가운데 뼈가 있다'는 뜻으로, 예사로운 말 속에 단단한 속뜻이 들어있음을 이르는 말

100. 吾□□尺   (,   )

의미: '내 코가 석자'라는 뜻으로, 내 사정이 급하여 남을 돌볼 여유가 없음

한자자격시험 4급 기출문제

1~4회

1회 한자자격시험 4급 기출문제

객관식 (1~30번)

■ 다음 [ ] 안의 한자와 음이 같은 한자는?

1. [俗] ① 假 ② 續 ③ 浴 ④ 純
2. [戶] ① 呼 ② 處 ③ 造 ④ 製
3. [端] ① 滿 ② 盛 ③ 單 ④ 選
4. [舍] ① 往 ② 寺 ③ 更 ④ 忘
5. [申] ① 甲 ② 骨 ③ 巳 ④ 辛

■ 다음 [ ] 안의 한자와 뜻이 상대(반대)되는 한자는?

6. [尾] ① 律 ② 久 ③ 首 ④ 非
7. [陸] ① 海 ② 敵 ③ 應 ④ 勢
8. [因] ① 酉 ② 果 ③ 辰 ④ 冊

■ 다음 [ ] 안의 한자와 뜻이 비슷한 한자는?

9. [巨] ① 大 ② 小 ③ 中 ④ 少
10. [異] ① 論 ② 則 ③ 他 ④ 倫

■ 다음 〈보기〉의 낱말들과 관련이 깊은 한자는?

11. 보기 | 마라톤 | 100M | 운동화
    ① 救 ② 蟲 ③ 寅 ④ 走

12. 보기 | 산 | 계곡 | 골짜기
    ① 修 ② 谷 ③ 伐 ④ 其

13. 보기 | 방패 | 병마개 | 방충망
    ① 防 ② 婦 ③ 斗 ④ 溪

■ 다음 설명이 뜻하는 한자어는?

14. 세금을 냄
    ① 干拓 ② 多元 ③ 納稅 ④ 模倣

15. 사랑하고 가엽게 여기는 마음
    ① 恐慌 ② 突然 ③ 免疫 ④ 慈悲

16. 시장 경제에서의 생산의 주체
    ① 企業 ② 嗜好 ③ 博覽 ④ 敍述

17. 뜻이 같은 사람끼리 모인 단체
    ① 降水 ② 朋黨 ③ 紐帶 ④ 莊園

18. 하늘이 줌, 선천적으로 타고남
    ① 天賦 ② 寡占 ③ 販賣 ④ 汚染

19. 사실보다 지나치게 불려서 나타냄
    ① 配慮 ② 散策 ③ 誇張 ④ 描寫

20. 성품과 행실이 높고 맑으며, 탐욕이 없음
    ① 懶怠 ② 淸廉 ③ 情緖 ④ 肯定

21. 상품이나 기술 따위를 외국에서 들여옴
    ① 機智 ② 脈絡 ③ 尊嚴 ④ 輸入

22. 잎의 표피에 있는 구멍으로 공기가 드나드는 통로
    ① 葛藤 ② 埋藏 ③ 氣孔 ④ 勤勉

23. 두 사람 이상이 함께 무슨 일을 하거나 책임을 지는 일
    ① 連帶 ② 矜持 ③ 臺本 ④ 隨筆

■ 다음 문장 중 ( ) 안에 들어갈 한자어로 알맞은 것은?

24. 모름지기 사람은 웃어른을 ( )해야 한다.
    ① 揭示 ② 令狀 ③ 恭敬 ④ 英雄

25. 사할린 동포들을 위한 위문 ( )이 열렸다.
    ① 公演 ② 摩擦 ③ 危害 ④ 音韻

26. 마그마가 식어서 굳어진 ( )을 화강암이라 한다.
    ① 考證 ② 巖石 ③ 媒體 ④ 行爲

27. 파도의 물거품이 햇빛에 ( )되어 반짝거렸다.
    ① 價値 ② 書藝 ③ 投資 ④ 反射

28. 모아둔 세뱃돈을 ( )하기 위해 은행에 갔다.
    ① 隔差 ② 退場 ③ 預金 ④ 飽和

29. 소비자의 ( )을 분석하기 위해 설문조사를 실시하였다.
    ① 趣向 ② 比喩 ③ 最近 ④ 餘暇

1회 한자자격시험 4급 기출문제

30. 이 작품은 한 폭의 그림을 보는 듯 시각적 (　　)이 잘 표현되었다.
   ① 儉素　② 心象　③ 京鄉　④ 辭典

주관식 (31~100번)

■ 다음 한자의 훈음을 쓰시오.

31. 益 (　　)　32. 松 (　　)
33. 乙 (　　)　34. 解 (　　)
35. 朱 (　　)　36. 禁 (　　)
37. 景 (　　)　38. 飯 (　　)
39. 惠 (　　)　40. 乃 (　　)
41. 徒 (　　)　42. 舌 (　　)
43. 湖 (　　)　44. 志 (　　)
45. 雲 (　　)

■ 다음 □ 안에 공통으로 들어갈 한자를 〈보기〉에서 찾아 쓰시오.

보기	減　細　容　唱　想

46. 合□, 愛□, □歌　(　　)
47. □念, 理□, 思□　(　　)
48. 美□, 受□, 許□　(　　)
49. □部, □心, □密　(　　)

■ [가로열쇠]와 [세로열쇠]를 읽고, 빈칸에 공통으로 들어갈 한자를 쓰시오.

50. | 作 | | 가로열쇠 | 음악 작품을 창작하는 일 |
    | | 線 | 세로열쇠 | 모나지 아니하고 부드럽게 굽은 선 |

51. | | 權 | 가로열쇠 | 정치상의 권력 |
    | 治 | | 세로열쇠 | 나라를 다스리는 일 |

52. | 交 | | 가로열쇠 | 문화나 사상 따위가 서로 통함 |
    | | 水 | 세로열쇠 | 흐르는 물 |

■ 다음 한자어의 독음을 쓰시오.

53. 鐵絲 (　　)　54. 慶福 (　　)
55. 移住 (　　)　56. 丹青 (　　)
57. 待遇 (　　)　58. 觀衆 (　　)
59. 親舊 (　　)　60. 萬若 (　　)
61. 旅客 (　　)　62. 洗練 (　　)
63. 談笑 (　　)　64. 遺傳 (　　)
65. 聖君 (　　)　66. 休務 (　　)
67. 買收 (　　)

■ 다음 글을 읽고 밑줄 친 부분이 뜻하는 한자를 〈보기〉에서 찾아 쓰시오.

우리 주변에는 어렵게 살아가는 사람들이 적지 않다. 어려서 부모를 여읜 고아들, 68)의지할 데 없는 노인들, 그리고 69)거리에서 방황하는 실직자들. 이들은 가정이 없거나 가정을 떠난 사람들이다. 물론, 다양한 사회복지기관에서 여러 가지의 지원과 70)보호를 하고는 있지만, 가정에서 누리는 안정과 편안함에 비할 수 없을 것이다. 우리는 이러한 사람들의 고통을 제대로 71)알아야 한다. 그것은 단순히 의식주의 부족뿐만 아니라, 가족이 없어서 72)느끼는 외로움이요, 쓸쓸함이다. 따라서 이들에게 물질적인 도움에 앞서 애정 어린 관심과 따뜻한 정을 나누어 73)줌으로써, 우리 사회가 하나의 74)커다란 가정이 될 수 있도록 노력해야 할 것이다.

보기	授　偉　保　烈　感　依　認　建　街

68. (　　)　69. (　　)
70. (　　)　71. (　　)
72. (　　)　73. (　　)
74. (　　)

■ 다음 문장 중 한자어의 독음을 쓰시오.

75. 새로운 무역협정에 대한 條約을 체결하였다. (　　)

76. 獨島가 우리나라 땅인 것은 틀림없는 사실이다. (　　)

77. 서민 經濟를 살리기 위한 정책들이 제시되고 있다. (　　)

1회 한자자격시험 4급 기출문제

78. 가장 중요한 쟁점을 중심으로 **討議**를 시작했다.
( )

79. 물체의 질량이 크면 클수록 **慣性**은 점점 커진다.
( )

80. 정보 **習得**을 위한 도구로 인터넷을 주로 이용한다.
( )

81. **環境** 보호를 위해 쓰레기를 분리하여 배출해야 한다.
( )

82. 이번 연주회는 종전과는 **比較**도 안 될 만큼 훌륭했다.
( )

83. 세계인의 **祝祭**인 베이징 올림픽이 성황리에 끝이 났다.
( )

84. 그의 주장은 판단의 **根據**가 부족하였다. ( )

85. 대기 중 오존의 **濃度**가 짙어지면 가급적 외출을 삼가야
한다. ( )

86. 가족 간에 대화를 통해서 원활한 **疏通**이 이루어져야
한다. ( )

87. 우리나라도 머지않아 **有人宇宙船**을 발사할 날을 기대해
본다. ( )

■ **다음 문장 중 ( ) 안의 단어를 한자로 쓰시오.**

88. 안경을 맞추기 위해 (시력)을 측정했다. ( )

89. (방학)을 맞이하여 외삼촌 댁을 방문하였다. ( )

90. 신문을 읽다가 (중요)한 부분은 스크랩을 했다.
( )

91. 그 일은 사람들의 신뢰가 있었기에 (가능)한 일이었다.
( )

92. 우리 모두는 자신을 놀라게 할 수 있는 힘을 (충분)히
가지고 있다. ( )

93. 여름철 에어컨 사용 시에 (실내) 적정 온도는 26℃ 이상
이다. ( )

■ **다음 문장 중 한자어의 잘못된 글자를 바르게 고쳐 쓰시오.**

94. 꽃잎은 **藥才**로 사용되기도 한다. (→)

95. 이번 달부터 아침 **運童**을 시작했다. (→)

■ **다음 한자성어의 설명을 읽고 안에 들어갈 알맞은 한자를 〈보기〉에서 찾아 쓰시오.**

보기	實 陰 友 安 樂 名 寸 故 苦 席

96. 一□光□ (,)

의미	매우 짧은 시간

97. 同□同□ (,)

의미	괴로움이나 즐거움을 함께함

98. 有□無□ (,)

의미	이름만 그럴듯하고 실속은 없음

99. 竹馬□□ (,)

의미	'대말을 타고 놀던 벗'이라는 뜻으로, 어릴 때부터 같이 놀며 자란 벗을 이르는 말

100. 坐不□□ (,)

의미	'앉아도 자리가 편안하지 않다'는 뜻으로, 불안하거나 걱정스러워서 한군데에 가만히 앉아 있지 못하고 안절부절못하는 모양을 이르는 말

2회 한자자격시험 4급 기출문제

객관식 (1~30번)

■ 다음 [ ] 안의 한자와 음이 같은 한자는?

1. [酉]　①丙　②遺　③印　④達
2. [救]　①承　②除　③敵　④句
3. [停]　①佛　②政　③取　④俗
4. [建]　①乾　②權　③起　④松
5. [非]　①拜　②戌　③鼻　④癸

■ 다음 [ ] 안의 한자와 뜻이 상대(반대)되는 한자는?

6. [往]　①鄕　②減　③更　④來
7. [興]　①亡　②限　③藝　④應
8. [否]　①益　②舌　③可　④巨

■ 다음 [ ] 안의 한자와 뜻이 비슷한 한자는?

9. [造]　①逆　②製　③遇　④故
10. [律]　①偉　②判　③保　④則

■ 다음 <보기>의 낱말들과 관련이 깊은 한자는?

11. 보기　둥지　기러기　부리
　　①兆　②久　③乙　④井

12. 보기　표지　공부　글씨
　　①卯　②冊　③列　④及

13. 보기　반지　지문　마디
　　①指　②拾　③慶　④庚

■ 다음 설명이 뜻하는 한자어는?

14. 높고 엄숙함
　　①妥協　②尊嚴　③秩序　④貿易

15. 아주 부지런함
　　①勤勉　②趣向　③企業　④遵法

16. 어떤 사실을 차례를 좇아 말하거나 적음
　　①輸入　②機智　③敍述　④條約

17. 거꾸로 됨, 엎어져 넘어지거나 넘어뜨림
　　①隔差　②販賣　③懶怠　④顚倒

18. 낱말을 모아 일정한 순서로 배열하여 해설한 책
　　①朋黨　②追憶　③辭典　④令狀

19. 넓은 범위에 걸쳐 기온과 습도가 거의 같은 공기 덩어리
　　①氣團　②納稅　③潮境　④豫見

20. 지도나 설계도 따위를 실물보다 작게 그릴 때, 그 축소한 정도
　　①殉葬　②臺本　③縮尺　④聯想

21. 호수나 바닷가에 둑을 쌓아 그 안의 물을 빼고 농경지로 만드는 일
　　①突然　②干拓　③反射　④責任

22. 규범이나 규율을 무시하거나 절제함이 없이 제멋대로 행동하는 상태에 있는 것
　　①寡占　②餘暇　③國寶　④放縱

23. 끈과 띠라는 뜻으로, 둘 이상을 서로 연결하거나 결합하게 하는 것 또는 그런 관계
　　①推薦　②大衆　③紐帶　④音韻

■ 다음 문장 중 ( ) 안에 들어갈 한자어로 알맞은 것은?

24. 가벼운 맨손 (　)로 몸을 풀었다.
　　①形態　②考證　③志操　④體操

25. (　)에 대비한 모의 훈련을 실시하였다.
　　①地震　②天賦　③衛星　④含蓄

26. 신제품이 출하되어 (　)의 폭이 다양해졌다.
　　①還穀　②選擇　③恐慌　④淸廉

27. 무분별한 (　)으로 인해 삼림이 파괴되고 있다.
　　①矜持　②血緣　③伐木　④函數

28. 경기가 침체되면서 가계 (　)가 감소되고 있다.
　　①消費　②宇宙　③揭示　④寬容

2회 한자자격시험 4급 기출문제

29. 이 소설은 당대의 현실을 세밀히 (　　)한 작품이다.

　① 稀少　　② 描寫　　③ 金融　　④ 投資

30. 이번 주 학급 (　　) 주제는 컴퓨터 게임 중독에 관한 것이었다.

　① 嗜好　　② 七賢　　③ 討議　　④ 細胞

주관식 (31~100번)

■ 다음 한자의 훈음을 쓰시오.

31. 盛 (　　　　　)　　32. 雄 (　　　　　)

33. 引 (　　　　　)　　34. 怒 (　　　　　)

35. 希 (　　　　　)　　36. 蟲 (　　　　　)

37. 骨 (　　　　　)　　38. 笑 (　　　　　)

39. 聽 (　　　　　)　　40. 倫 (　　　　　)

41. 收 (　　　　　)　　42. 耕 (　　　　　)

43. 依 (　　　　　)　　44. 忘 (　　　　　)

45. 辛 (　　　　　)

■ 다음 □ 안에 공통으로 들어갈 한자를 〈보기〉에서 찾아 쓰시오.

보기	恩 端 舊 爲 烈

46. □士 , 熱□ , 先□　　(　　　　　)

47. □主 , 人□ , 行□　　(　　　　　)

48. □正 , 末□ , □午　　(　　　　　)

49. □惠 , 報□ , □師　　(　　　　　)

■ [가로열쇠]와 [세로열쇠]를 읽고, 빈칸에 공통으로 들어갈 한자를 쓰시오.

50.

品		가로열쇠	물건의 성질과 바탕
	問	세로열쇠	모르거나 의심나는 점을 물음

51.

筆		가로열쇠	글씨를 쓸 때의 획의 순서
	位	세로열쇠	차례나 순서를 나타내는 위치나 지위

52.

精		가로열쇠	마음을 다하여 부모를 섬기는 정성
孝		세로열쇠	온갖 힘을 다하려는 참되고 성실한 마음

■ 다음 한자어의 독음을 쓰시오.

53. 申請 (　　　　)　　54. 連續 (　　　　)

55. 危害 (　　　　)　　56. 坐視 (　　　　)

57. 布告 (　　　　)　　58. 答訪 (　　　　)

59. 甲寅 (　　　　)　　60. 處世 (　　　　)

61. 研修 (　　　　)　　62. 取得 (　　　　)

63. 授與 (　　　　)　　64. 暴徒 (　　　　)

65. 情勢 (　　　　)　　66. 要領 (　　　　)

67. 競技 (　　　　)

■ 다음 글을 읽고 밑줄 친 부분이 뜻하는 한자를 〈보기〉에서 찾아 쓰시오.

가야에는 왕이 없어 아홉 명의 족장이 백성들을 68)다스리고 있었다. 어느 날, 김해에 있는 구지봉에서 69)신의 70)소리가 들려왔다. 족장들은 백성들을 구지봉에 모아 놓고 신이 하라는 대로 흙을 파헤치고 춤을 추며 노래를 불렀다.
"거북아, 거북아, 머리를 내놓아라. 71)만약에 내놓지 않으면 구워 먹으리."
그러자 하늘에서 금으로 만들어진 상자가 내려왔다. 상자에는 72)붉은 보자기로 싼 여섯 개의 황금알이 들어 있었다.
여섯 개의 알은 어린아이로 73)변하였는데, 그 중 74)가장 먼저 태어난 아이가 김수로였다. 그는 금관가야의 임금이 되었고, 나머지 다섯 아이도 각각 다섯 가야의 임금이 되었다.

보기	變 朱 練 神 增 若 治 最 聲

68. (　　　　)　　69. (　　　　)

70. (　　　　)　　71. (　　　　)

72. (　　　　)　　73. (　　　　)

74. (　　　　)

2회 한자자격시험 4급 기출문제

■ 다음 문장 중 한자어의 독음을 쓰시오.

75. 수출량이 수입량을 超過하였다. (　　)

76. 나무를 摩擦시켜서 불을 일으켰다. (　　)

77. 친구와의 誤解가 풀려서 다행이다. (　　)

78. 이번 경기의 패배 요인을 分析하였다. (　　)

79. 여성의 사회참여 比率이 높아지고 있다. (　　)

80. 풍화작용으로 기괴한 巖石들이 생겨났다. (　　)

81. 그녀의 표정은 기쁨과 행복으로 充滿했다. (　　)

82. 규칙적인 수면은 우리의 免疫力을 높여준다. (　　)

83. 하천이 汚染되어 물고기가 떼죽음을 당했다. (　　)

84. 단풍이 곱게 물든 오솔길을 따라 散策을 했다. (　　)

85. 산업革命을 계기로 자본주의 경제가 확립되었다. (　　)

86. 동장군이 엄습하여 溪谷물이 얼어붙었다. (　　)

87. 남에게 베풀 수 있는 작은 친절 한 가지를 찾아 實踐해 보자. (　　)

■ 다음 문장 중 (　) 안의 단어를 한자로 쓰시오.

88. 그의 말은 (논리) 정연했다. (　　)

89. (행복)은 멀리 있는 것이 아니다. (　　)

90. 우리는 무사히 목적지에 (도착)했다. (　　)

91. 보일러가 고장이 나서 (온수)가 나오지 않는다. (　　)

92. 질병을 (조기)에 발견하지 못하면 치료하기가 더 어려워진다. (　　)

93. (녹색)이었던 나뭇잎들이 어느새 알록달록한 색으로 옷을 갈아입었다. (　　)

■ 다음 문장 중 한자어의 잘못된 글자를 바르게 고쳐 쓰시오.

94. 基他 의견을 말씀해 주세요. (　→　)

95. 그는 展統 의상을 입고 있었다. (　→　)

■ 다음 한자성어의 설명을 읽고 안에 들어갈 알맞은 한자를 〈보기〉에서 찾아 쓰시오.

보기: 片　直　復　聖　丹　重　平　所　材　單

96. □言□言　(　,　)
의미: '거듭 말하고 다시 말하다'는 뜻으로, 이미 한 말을 자꾸 되풀이하는 경우

97. 太□□代　(　,　)
의미: 어진 임금이 잘 다스리어 태평한 세상이나 시대

98. 一□□心　(　,　)
의미: '한 조각의 붉은 마음'이라는 뜻으로, 진심에서 우러나오는 변치 아니하는 마음을 이르는 말

99. □刀□入　(　,　)
의미: '혼자서 칼 한 자루를 들고 적진으로 곧장 쳐들어간다'는 뜻으로, 여러 말을 늘어놓지 아니하고 바로 요점이나 본문제를 중심적으로 말함

100. 適□適□　(　,　)
의미: 알맞은 인재를 알맞은 자리에 씀

3회 한자자격시험 4급 기출문제

객관식 (1~30번)

■ 다음 [ ] 안의 한자와 음이 같은 한자는?

1. [請] ① 骨 ② 井 ③ 聽 ④ 壬
2. [治] ① 辰 ② 細 ③ 波 ④ 齒
3. [謝] ① 若 ② 辛 ③ 巳 ④ 旅
4. [寅] ① 指 ② 引 ③ 律 ④ 鮮
5. [收] ① 受 ② 酉 ③ 朱 ④ 承

■ 다음 [ ] 안의 한자와 뜻이 상대(반대)되는 한자는?

6. [減] ① 雄 ② 浴 ③ 榮 ④ 增
7. [順] ① 逆 ② 遺 ③ 敵 ④ 適
8. [非] ① 戶 ② 禁 ③ 是 ④ 片

■ 다음 [ ] 안의 한자와 뜻이 비슷한 한자는?

9. [連] ① 退 ② 遇 ③ 經 ④ 續
10. [恩] ① 應 ② 惠 ③ 惡 ④ 患

■ 다음 〈보기〉의 낱말들과 관련이 깊은 한자는?

11. 보기 | 가짜 | 거짓말 | 속임수 |
　　① 假 ② 興 ③ 偉 ④ 純

12. 보기 | 구름 | 해 | 달 |
　　① 印 ② 婚 ③ 乾 ④ 容

13. 보기 | 하하 | 호호 | 빙그레 |
　　① 衆 ② 笑 ③ 限 ④ 唱

■ 다음 설명이 뜻하는 한자어는?

14. 묻어서 감춤
　　① 社會 ② 氣候 ③ 趣向 ④ 埋藏

15. 즐기고 좋아함
　　① 描寫 ② 衛星 ③ 嗜好 ④ 殉葬

16. 나라의 보배
　　① 國寶 ② 投資 ③ 疏通 ④ 比喩

17. 행동, 성격 따위가 느리고 게으름
　　① 水域 ② 懶怠 ③ 趣向 ④ 妥協

18. 남을 깊이 사랑하고 가엾게 여김
　　① 隨筆 ② 導體 ③ 心象 ④ 慈悲

19. 자신의 능력을 믿음으로써 가지는 당당함
　　① 敍述 ② 函數 ③ 矜持 ④ 精神

20. 하나의 관념이 다른 관념을 불러일으키는 현상
　　① 納稅 ② 聯想 ③ 配慮 ④ 月蝕

21. 빈부, 임금, 기술 수준 따위가 서로 벌어져 다른 정도
　　① 條約 ② 效率 ③ 中繼 ④ 隔差

22. 얽혀 있거나 복잡한 것을 풀어서 개별적인 요소나 성질로 나눔
　　① 分析 ② 天賦 ③ 追憶 ④ 反映

23. 물체가 밖의 힘을 받지 않는 한 정지 또는 등속도 운동의 상태를 지속하려는 성질
　　① 宇宙 ② 祭政 ③ 慣性 ④ 隱語

■ 다음 문장 중 ( ) 안에 들어갈 한자어로 알맞은 것은?

24. 이 소설의 (　　)은 바닷가 마을이다.
　　① 辭典 ② 確率 ③ 背景 ④ 討議

25. (　　)발생에 대비한 모의 훈련이 실시되었다.
　　① 淸廉 ② 地震 ③ 施設 ④ 模倣

26. 건강한 식습관을 통해 (　　)을 증강시켰다.
　　① 免疫 ② 維新 ③ 表現 ④ 縮尺

27. 비무장 지대에는 민족 (　　)의 아픈 역사가 서려 있다.
　　① 脈絡 ② 輸入 ③ 分斷 ④ 巖石

28. 황사는 상공의 강한 (　　)을 타고 우리나라로 불어온다.
　　① 偏西風 ② 症候群 ③ 不飽和 ④ 訓詁學

3회 한자자격시험 4급 기출문제

29. 부모는 자식을 사랑으로 대하고, 자식은 부모를 (   ) 해야 한다.
   ① 恭敬 ② 販賣 ③ 朋黨 ④ 企業

30. 용액의 (   )가 진해질수록 액체는 포화상태에 가까워진다.
   ① 絶對 ② 預金 ③ 令狀 ④ 濃度

주관식 (31~100번)

■ 다음 한자의 훈음을 쓰시오.

31. 陸 (   ) 32. 其 (   )
33. 達 (   ) 34. 徒 (   )
35. 久 (   ) 36. 斗 (   )
37. 慶 (   ) 38. 弓 (   )
39. 句 (   ) 40. 官 (   )
41. 妙 (   ) 42. 起 (   )
43. 拜 (   ) 44. 丹 (   )
45. 絲 (   )

■ 다음 □ 안에 공통으로 들어갈 한자를 〈보기〉에서 찾아 쓰시오.

보기	快 滿 選 密 依 干

46. □林, □接, □集 (   )
47. □開, □足, □船 (   )
48. □他, □存, □支 (   )
49. □感, □樂, 輕□ (   )

■ [가로열쇠]와 [세로열쇠]를 읽고, 빈칸에 공통으로 들어갈 한자를 쓰시오.

50. 誤□ / □決
   가로열쇠: 그릇되게 해석하거나 뜻을 잘못 앎
   세로열쇠: 제기된 문제를 해명하거나 얽힌 일을 잘 처리함

51. 善□ / □終
   가로열쇠: 가장 좋고 훌륭함
   세로열쇠: 맨 나중

52. 競□ / □者
   가로열쇠: 달리는 사람
   세로열쇠: 일정한 거리를 달려 빠르기를 겨루는 일

■ 다음 한자어의 독음을 쓰시오.

53. 首尾 (   ) 54. 科擧 (   )
55. 財貨 (   ) 56. 希望 (   )
57. 着實 (   ) 58. 街頭 (   )
59. 乃至 (   ) 60. 溪谷 (   )
61. 餘波 (   ) 62. 調練 (   )
63. 布敎 (   ) 64. 探究 (   )
65. 安保 (   ) 66. 造成 (   )
67. 權益 (   )

■ 다음 글을 읽고 밑줄 친 부분이 뜻하는 한자를 〈보기〉에서 찾아 쓰시오.

> 68)시골에 살면서 과수원이나 남새밭을 가꾸지 않는다면 세상에서 버림받는 일이 69)될 것이다. (중략) 남새밭 가꾸는 데는 땅을 반반하게 고르고 이랑을 바르게 하는 일이 70)중요하며, 흙은 가늘게 부수고 깊게 갈아 분가루처럼 부드러워야 한다. 71)씨는 72)항상 73)고르게 뿌려야 하며, 모종은 아주 성기게 해야 한다. (중략) 절약하고 본농사에 74)힘쓰면서 부업으로 아름다운 결실을 얻을 수 있는 것이 이 남새밭 가꾸는 일이다.
> —정약용, 《유배지에서 보낸 편지》

보기	常 務 爲 怒 要 鄕 端 均 種

68. (   ) 69. (   )
70. (   ) 71. (   )
72. (   ) 73. (   )
74. (   )

■ 다음 문장 중 한자어의 독음을 쓰시오.

75. 그는 單獨으로 일을 추진했다. (   )

76. 백성들의 熱烈한 환영을 받았다. (   )

77. 機智를 발휘하여 탈출에 성공했다. (   )

3회 한자자격시험 4급 기출문제

78. **摩擦力**은 물체의 질량에 비례한다. (   )

79. 그는 **儉素**한 습관이 몸에 배어 있다. (   )

80. 지속적인 개발로 상품의 **價値**가 높아졌다. (   )

81. 국화는 사군자의 하나로 절개와 **志操**를 상징한다.
    (   )

82. 김치에는 **突然變異**를 억제하는 효소가 들어있다.
    (   )

83. 대인관계에서의 **葛藤**은 대화로 풀어나가야 한다.
    (   )

84. 탄수화물은 피부의 **氣孔**을 통한 피지분비를 촉진시킨다.
    (   )

85. 지하철에서 **拾得**한 물건은 유실물센터에 신고하여야
    한다. (   )

86. 경제 순환 과정에서 나타나는 경제 혼란의 현상을 경제
    恐慌이라고 한다. (   )

87. 실학은 영정조의 학문 장려와 청나라 **考證學**의 영향으로
    융성하게 되었다. (   )

■ 다음 문장 중 ( ) 안의 단어를 한자로 쓰시오.

88. 할아버지 산소에 (벌초)를 했다. (   )

89. 경제활동에 참여하는 (주부)들이 늘고 있다. (   )

90. (비음)은 '콧소리'라고 하며, 'ㄴ', 'ㅁ', 'ㅇ' 이 있다.
    (   )

91. 최초의 컴퓨터는 커다란 방 하나를 다 차지할 만큼
    (거대)했다. (   )

92. 수학에서의 기초이론은 절대 (간과)해서는 안 될 중요한
    부분이다. (   )

93. 고대 선사유적지에서 발견된 '쟁기'는 당시 사회가 (농경)
    사회였음을 알려주는 유물이다. (   )

■ 다음 문장 중 한자어의 잘못된 글자를 바르게 고쳐 쓰시오.

94. 장수는 하루도 **丙士**들의 훈련을 게을리하지 않았다.
    (→   )

95. 인간은 하고자 하는 일이 잘 되었을 때 **幸復**을 느낀다.
    (→   )

■ 다음 한자성어의 설명을 읽고 안에 들어갈 알맞은 한자를 〈보기〉에서 찾아 쓰시오.

보기	聖 燈 無 戰 危 親 眼 將 太 授

96. 百 □ 老 □   (,   )

의미	수많은 싸움을 치른 노련한 장수

97. □ 平 □ 代   (,   )

의미	어진 임금이 잘 다스리어 태평한 세상이나 시대

98. 見 □ □ 命   (,   )

의미	'나라가 위태로울 때는 자신의 목숨까지도 바친다'는 뜻

99. □ 下 □ 人   (,   )

의미	'눈 아래에 사람이 없다'는 뜻으로, 방자하고 교만하여 다른 사람을 업신여김을 이르는 말

100. □ 火 可 □   (,   )

의미	'등불을 가까이할 만하다'는 뜻으로, 서늘한 가을밤은 등불을 가까이하여 글 읽기에 좋음을 이르는 말

4회 한자자격시험 4급 기출문제

객관식 (1~30번)

■ 다음 [ ] 안의 한자와 음이 같은 한자는?

1. [兆]　①調　②走　③拜　④戌
2. [丹]　①氷　②認　③酉　④單
3. [鮮]　①養　②選　③孫　④量
4. [斗]　①井　②乙　③頭　④及
5. [戶]　①是　②呼　③希　④片

■ 다음 [ ] 안의 한자와 뜻이 상대(반대)되는 한자는?

6. [私]　①工　②共　③公　④空
7. [解]　①興　②結　③復　④達
8. [陰]　①久　②暗　③假　④陽

■ 다음 [ ] 안의 한자와 뜻이 비슷한 한자는?

9. [兵]　①卒　②除　③勢　④續
10. [完]　①傳　②低　③承　④全

■ 다음 〈보기〉의 낱말들과 관련이 깊은 한자는?

11. 보기: 조상　젯밥　경건
    ①飯　②祭　③辰　④律

12. 보기: 이순신　전쟁　용맹
    ①耕　②醫　③將　④怒

13. 보기: 스님　절　고행
    ①衆　②權　③佛　④臣

■ 다음 설명이 뜻하는 한자어는?

14. 세금을 냄
    ①納稅　②預金　③疏通　④販賣

15. 휴식을 취하거나 건강을 위해서 천천히 걷는 일
    ①散策　②嗜好　③拾得　④放縱

16. 목표나 이해관계가 달라 서로 적대시하거나 불화를 일으키는 상태
    ①紐帶　②連帶　③條約　④葛藤

17. 도와주거나 보살펴 주려고 마음을 씀
    ①恭敬　②免疫　③配慮　④尊嚴

18. 사건이나 환경, 인물 따위를 둘러싼 주위의 정경
    ①宇宙　②背景　③戲曲　④根據

19. 일정한 수나 한도 따위를 넘음
    ①超過　②分析　③顚倒　④縮尺

20. 하고 싶은 마음이 생기는 방향
    ①推薦　②實踐　③趣向　④踏査

21. 어떤 대상이나 사물, 현상 따위를 언어로 서술하거나 그림을 그려서 표현함
    ①反映　②描寫　③訓詁　④考證

22. 남을 깊이 사랑하고 가엾게 여김, 또는 그렇게 여겨서 베푸는 혜택
    ①懶怠　②導體　③慈悲　④勤勉

23. 사물이 한쪽으로 기울지 않고 안정해 있음
    ①氣圍　②比較　③比率　④平衡

■ 다음 문장 중 ( ) 안에 들어갈 한자어로 알맞은 것은?

24. 우리 팀이 이길 (　)은 그렇게 높지 않다.
    ①常識　②確率　③追憶　④抵抗

25. 선비는 (　)을 미덕으로 여겼다.
    ①淸廉　②豫見　③需要　④寡占

26. 그는 자신의 감정을 (　)하는 것이 서투르다.
    ①志操　②降水　③表現　④反射

27. 정부는 외제 상품의 (　)을 규제하였다.
    ①慣性　②輸入　③敍述　④價値

4회 한자자격시험 4급 기출문제

28. (　　)는 서울말을 기본으로 한다.
① 漢字語　② 標準語　③ 隱語　④ 隨筆

29. 그의 시는 시각적 (　　)이 돋보인다.
① 心象　② 恐慌　③ 臺本　④ 消費

30. 그는 (　　) 없이 사실 그대로를 말했다.
① 血緣　② 分斷　③ 停止　④ 誇張

주관식 (31~100번)

■ 다음 한자의 훈음을 쓰시오.

31. 退 (　　　　) 　 32. 聖 (　　　　)

33. 齒 (　　　　) 　 34. 榮 (　　　　)

35. 競 (　　　　) 　 36. 藝 (　　　　)

37. 寅 (　　　　) 　 38. 務 (　　　　)

39. 察 (　　　　) 　 40. 純 (　　　　)

41. 硏 (　　　　) 　 42. 鼻 (　　　　)

43. 浴 (　　　　) 　 44. 其 (　　　　)

45. 舊 (　　　　)

■ 다음 □ 안에 공통으로 들어갈 한자를 〈보기〉에서 찾아 쓰시오.

보기	加　妙　節　經　與　讀

46. □路 , □書 , 神□　(　　　　)

47. □技 , □案 , □味　(　　　　)

48. □否 , 參□ , 授□　(　　　　)

49. □電 , □次 , 季□　(　　　　)

■ [가로열쇠]와 [세로열쇠]를 읽고, 빈칸에 공통으로 들어갈 한자를 쓰시오.

50.

英		가로열쇠	지혜와 재능이 뛰어나고 용맹하여 어려운 일을 해내는 사람
	大	세로열쇠	웅장하고 큼

51.

對		가로열쇠	적이나 어떤 세력, 힘 따위와 맞서 겨룸, 또는 그 상대
	軍	세로열쇠	운동 경기나 시합 따위에서 상대편을 이르는 말

52.

出		가로열쇠	사물이나 말 따위가 생기거나 나온 근거
	女	세로열쇠	결혼하지 아니한 성년 여자

■ 다음 한자어의 독음을 쓰시오.

53. 詩句 (　　) 　 54. 末尾 (　　)

55. 均等 (　　) 　 56. 面接 (　　)

57. 合唱 (　　) 　 58. 申告 (　　)

59. 寒波 (　　) 　 60. 外製 (　　)

61. 法則 (　　) 　 62. 恩惠 (　　)

63. 伐草 (　　) 　 64. 充滿 (　　)

65. 危急 (　　) 　 66. 遺産 (　　)

67. 旅行 (　　)

■ 다음 글을 읽고 밑줄 친 부분이 뜻하는 한자를 〈보기〉에서 찾아 쓰시오.

한지는 닥나무 껍질을 원료로 하여 손으로 손수 68)만든 우리나라 고유의 종이를 일컫는 말입니다.
한지는 닥나무 껍질을 69)가늘게 찢어 잘게 부수고 갈아 낸 것에 접착제인 닥풀 뿌리의 점액을 넣어 대나무나 머리쇠(억새풀과 비슷함)로 만든 발로 떠서 섬유가 서로 얽히게 한 다음, 넓게 70)퍼서 잘 71)말려 만듭니다. 이렇게 만들어진 한지는 발이 72)촘촘하고 종이가 두꺼우며 질긴 것이 특징이고, 빛이 희고 좋아서 방문에 발라 놓으면 방 안의 밝기가 항상 73)알맞았습니다. 뿐만 아니라 74)눈에 안 보이는 무수한 구멍이 있어 환기는 물론 방 안의 온도와 습도까지 자연적으로 조절되기도 합니다.

보기	眼　細　造　適　乾　密　布　持　貨

68. (　　　　) 　 69. (　　　　)

70. (　　　　) 　 71. (　　　　)

72. (　　　　) 　 73. (　　　　)

74. (　　　　)

■ 다음 문장 중 한자어의 독음을 쓰시오.

75. 핸드폰 기기를 變更했다. (　　　　)

76. 매장에는 最新제품이 가득했다. (　　　　)

4회 한자자격시험 4급 기출문제

77. 시험일정을 揭示板에 올려놓았다. (　　　)

78. 주말에 친구와 博物館에 다녀왔다. (　　　)

79. 토론에서 격렬한 舌戰이 오고 갔다. (　　　)

80. 封建制度에서 왕과 영주는 계약관계이다. (　　　)

81. 국내 企業들의 동남아 진출이 늘고 있다. (　　　)

82. 皆旣月蝕을 보기 위해 사람들이 많이 모였다. (　　　)

83. 그 문제는 문화적인 脈絡에서 생각해야 한다.
    (　　　)

84. 정부는 국민의 福祉 향상을 위해 노력하고 있다.
    (　　　)

85. 조선 후기에 들어 朋黨政治는 그 폐단이 극에 달했다.
    (　　　)

86. 이곳에는 많은 양의 원유와 천연가스가 埋藏되어 있다.
    (　　　)

87. 자기만을 고집하고 남을 무조건 거부하는 排他主義는 사회 발전의 독소가 된다. (　　　)

■ 다음 문장 중 (　) 안의 단어를 한자로 쓰시오.

88. 교회에 많은 (신도)들이 모였다. (　　　)

89. 과학(탐구)보고서를 제출했다. (　　　)

90. 대부분의 (속담)에는 교훈이 있다. (　　　)

91. 고민 끝에 쓴 답이 결국 (오답)이 되고 말았다.
    (　　　)

92. 그는 신고를 받고 출동한 경찰에 (구조)되었다.
    (　　　)

93. 다음 달부터 공공요금이 (인상)될 예정이다. (　　　)

■ 다음 문장 중 한자어의 잘못된 글자를 바르게 고쳐 쓰시오.

94. 아깝게도 후반 종료 3분 전에 동점 골을 許用했다.
    (　　　→　　　)

95. 그는 오른손 엄지에 印注를 묻혀 서류에 지장을 찍었다.
    (　　　→　　　)

■ 다음 한자성어의 설명을 읽고 안에 들어갈 알맞은 한자를 〈보기〉에서 찾아 차례대로 쓰시오.

| 보기 | 安 觀 若 來 同 異 往 言 骨 不 |

96. 大□小□　　　(　,　)

의미 | 큰 차이 없이 거의 같음

97. 明□□火　　　(　,　)

의미 | 불을 보듯 분명하고 뻔함

98. 說□說□　　　(　,　)

의미 | 서로 변론을 주고받으며 옥신각신함, 또는 말이 오고 감

99. □中有□　　　(　,　)

의미 | '말 속에 뼈가 있다'는 뜻으로, 예사로운 말 속에 단단한 속뜻이 들어 있음을 이르는 말

100. 坐□□席　　　(　,　)

의미 | 마음이 불안하거나 걱정스러워서 한군데에 가만히 앉아 있지 못하고 안절부절못하는 모양을 이르는 말

한자자격시험 4급 예상문제·기출문제
정답

정 답

한자자격시험 4급 예상문제 01

객관식 정답

1. ②	16. ④
2. ③	17. ③
3. ②	18. ①
4. ④	19. ③
5. ④	20. ②
6. ①	21. ③
7. ③	22. ①
8. ②	23. ②
9. ①	24. ①
10. ②	25. ④
11. ③	26. ②
12. ④	27. ②
13. ④	28. ③
14. ②	29. ④
15. ①	30. ③

주관식 정답

31. 등잔 등
32. 벌레 충
33. 소나무 송
34. 흩어질 산
35. 끌 인
36. 그릇될 오
37. 혀 설
38. 생각 상
39. 바랄 희
40. 집 호
41. 클 거
42. 쾌할 쾌
43. 천간, 북방, 클 임
44. 펼, 지지 신
45. 나그네 려
46. 經
47. 唱
48. 密
49. 處
50. 雄
51. 走
52. 曲
53. 시구
54. 철사
55. 수미
56. 한계
57. 원칙
58. 정성
59. 사례
60. 사옥
61. 순익
62. 해제
63. 금지
64. 거대
65. 경치
66. 신청
67. 청원
68. 看
69. 想
70. 伐
71. 假
72. 勞
73. 認
74. 呼
75. 돌연변이
76. 상식
77. 책임
78. 확률
79. 간척
80. 기지
81. 면역
82. 공경
83. 유신
84. 증후군
85. 형태소
86. 타협
87. 산책
88. 選擧
89. 料金
90. 競爭
91. 鼻音
92. 尊重
93. 充分
94. 願, 員
95. 洞, 同
96. 有, 骨
97. 亡, 寒
98. 敗, 身
99. 山, 石
100. 結, 者

한자자격시험 4급 예상문제 02

객관식 정답

1. ④	16. ①
2. ①	17. ②
3. ①	18. ②
4. ②	19. ①
5. ②	20. ④
6. ③	21. ②
7. ③	22. ③
8. ④	23. ③
9. ①	24. ③
10. ②	25. ①
11. ①	26. ③
12. ②	27. ③
13. ③	28. ①
14. ①	29. ③
15. ④	30. ①

주관식 정답

31. 뼈 골
32. 뜨거울, 매울 렬
33. 지킬, 보호할 보
34. 절 배
35. 법 률
36. 붙을 착
37. 의지할 의
38. 새 을
39. 권세 권
40. 개, 지지 술
41. 책 책
42. 장수 장
43. 주을 습, 열 십
44. 도울 협
45. 조각 편
46. 俗
47. 聖
48. 精
49. 集
50. 祝
51. 鄕
52. 停
53. 월식
54. 말미
55. 경복
56. 과학
57. 포악
58. 신부
59. 사죄
60. 선정
61. 수용
62. 대우
63. 처녀
64. 수필
65. 재화
66. 전승
67. 연속
68. 布
69. 爲
70. 故
71. 倫
72. 接
73. 想
74. 是
75. 훈고학
76. 평형
77. 선택
78. 유대
79. 대중매체
80. 가치
81. 게시판
82. 암석
83. 준법정신
84. 토의
85. 함축
86. 비율
87. 근거
88. 請婚
89. 巨大
90. 進步
91. 室內
92. 必然
93. 效果
94. 命, 名
95. 眼, 安
96. 春, 筆
97. 千, 萬
98. 肉, 相
99. 言, 有
100. 鼻, 三

한자자격시험 4급 예상문제 03

객관식 정답

1. ②	16. ③
2. ②	17. ②
3. ③	18. ④
4. ③	19. ③
5. ①	20. ③
6. ④	21. ②
7. ②	22. ①
8. ①	23. ③
9. ①	24. ①
10. ③	25. ①
11. ④	26. ③
12. ④	27. ②
13. ③	28. ①
14. ①	29. ③
15. ③	30. ③

주관식 정답

31. 더할 익
32. 판단할 판
33. 수컷 웅
34. 갑옷, 껍질 갑
35. 같을, 만약 약
36. 이에 내
37. 남녘 병
38. 힘쓸 무
39. 글귀, 말 구
40. 잊을 망
41. 사례할 사
42. 영화 영
43. 마디 절
44. 가장 최
45. 일어날 흥
46. 爲
47. 察
48. 問
49. 烈
50. 房
51. 技
52. 限
53. 감량
54. 적응
55. 균등
56. 이주
57. 희망
58. 은혜
59. 관사
60. 율법
61. 관중
62. 급여
63. 오판
64. 설전
65. 인주
66. 신고
67. 협동
68. 將
69. 選
70. 走
71. 及
72. 官
73. 敵
74. 最
75. 납세
76. 판매
77. 서술
78. 공황
79. 고증학
80. 배려
81. 연대
82. 소통
83. 저항
84. 환경
85. 과장
86. 답사
87. 반영
88. 希望
89. 權勢
90. 農耕
91. 看過
92. 永久
93. 停止
94. 速, 俗
95. 印, 人
96. 指, 間
97. 重, 言
98. 爲, 馬
99. 假, 虎
100. 單, 直

정답

한자자격시험 4급 예상문제 04

객관식 정답

1. ④	16. ④	2. ③	17. ③
3. ②	18. ①	4. ①	19. ①
5. ③	20. ④	6. ③	21. ③
7. ④	22. ③	8. ②	23. ②
9. ①	24. ③	10. ④	25. ②
11. ②	26. ①	12. ②	27. ④
13. ③	28. ①	14. ③	29. ④
15. ②	30. ③		

주관식 정답

31. 물결 파
32. 천간, 별 경
33. 무리 도
34. 익힐 련
35. 말 두
36. 성스러울, 성인 성
37. 만날 우
38. 덜, 제외할 제
39. 세금 세
40. 사나울, 드러낼 폭/포
41. 부를 호
42. 클, 위대할 위
43. 닦을 수
44. 수컷 웅
45. 아닐 비
46. 走
47. 妙
48. 想
49. 滿
50. 名
51. 質
52. 德
53. 위해
54. 순진
55. 면접
56. 단청
57. 재화
58. 유골
59. 지시
60. 순장
61. 엽서
62. 여파
63. 여부
64. 발단
65. 은사
66. 세밀
67. 속담
68. 律
69. 限
70. 禁
71. 保
72. 獨
73. 認
74. 非
75. 개기월식
76. 배타주의
77. 복지
78. 상징
79. 수입
80. 자비
81. 희곡
82. 투자
83. 타협
84. 오염
85. 소비
86. 수필
87. 위성도시
88. 鄕村
89. 印朱
90. 重要
91. 端正
92. 硏究
93. 節次
94. 曲, 谷
95. 亡, 望
96. 井, 天
97. 坐, 安
98. 同, 床
99. 無, 人
100. 夫, 婦

한자자격시험 4급 예상문제 05

객관식 정답

1. ①	16. ④	2. ①	17. ③
3. ④	18. ④	4. ①	19. ③
5. ④	20. ②	6. ②	21. ①
7. ③	22. ④	8. ②	23. ③
9. ②	24. ②	10. ①	25. ①
11. ①	26. ②	12. ②	27. ④
13. ③	28. ①	14. ④	29. ②
15. ①	30. ③		

주관식 정답

31. 아름다울 가
32. 바를, 끝 단
33. 고를 균
34. 더불, 줄 여
35. 가늘 세
36. 이을 접
37. 같을, 만약 약
38. 홀로 독
39. 별 진
40. 조 조
41. 세금 세
42. 다리 교
43. 가질 취
44. 재화, 재물 화
45. 그 기
46. 走
47. 變
48. 盛
49. 請
50. 明
51. 想
52. 谷
53. 포고
54. 해탈
55. 청중
56. 합창
57. 대우
58. 착실
59. 쾌거
60. 열거
61. 가작
62. 존귀
63. 서열
64. 전등
65. 비조
66. 순번
67. 세배
68. 舊
69. 處
70. 想
71. 笑
72. 承
73. 移
74. 爲
75. 검소
76. 실천
77. 여가
78. 근면
79. 반사
80. 사전
81. 사법부
82. 비교
83. 초과
84. 질서
85. 재판
86. 혈연
87. 천부
88. 救助
89. 政治
90. 主婦
91. 民衆
92. 人情
93. 除去
94. 古, 故
95. 救, 舊
96. 助
97. 才, 人
98. 悲, 來
99. 老
100. 之, 勢

한자자격시험 4급 예상문제 06

객관식 정답

1. ②	16. ③	2. ①	17. ④
3. ③	18. ③	4. ③	19. ③
5. ③	20. ②	6. ②	21. ①
7. ②	22. ①	8. ①	23. ①
9. ②	24. ③	10. ②	25. ②
11. ①	26. ④	12. ④	27. ①
13. ②	28. ③	14. ④	29. ③
15. ①	30. ④		

주관식 정답

31. 높을, 존경할 존
32. 그늘 음
33. 웃음 소
34. 절 사
35. 묘할 묘
36. 변할 변
37. 이을 속
38. 소나무 송
39. 방패 간
40. 갈, 연구 연
41. 남녘 병
42. 통달할 달
43. 붉을 주
44. 칠 벌
45. 권세 권
46. 倫
47. 務
48. 俗
49. 適
50. 敵
51. 政
52. 解
53. 시청
54. 답방
55. 안목
56. 숙제
57. 한파
58. 관중
59. 가두
60. 금지
61. 열거
62. 시초
63. 청원
64. 착륙
65. 영웅
66. 파급
67. 국보
68. 乃
69. 獨
70. 衆
71. 與
72. 街
73. 走
74. 起
75. 봉당
76. 제국주의
77. 연상
78. 영장
79. 환곡
80. 방종
81. 갈등
82. 관성
83. 과장
84. 격차
85. 금지
86. 여론
87. 비율
88. 引上
89. 必勝
90. 旅行
91. 最近
92. 伐木
93. 密集
94. 海, 解
95. 持, 止
96. 擧, 兩
97. 傳, 心
98. 權, 不
99. 之, 勢
100. 獨, 將

정 답

한자자격시험 4급 예상문제 07

객관식 정답

1. ③	16. ④
2. ③	17. ①
3. ②	18. ①
4. ①	19. ①
5. ④	20. ③
6. ④	21. ③
7. ①	22. ④
8. ①	23. ③
9. ②	24. ①
10. ②	25. ④
11. ③	26. ①
12. ②	27. ③
13. ①	28. ④
14. ②	29. ②
15. ①	30. ④

주관식 정답

31. 재주 예	46. 獨	61. 신고	76. 농도	91. 脫出
32. 이을 접	47. 爲	62. 적응	77. 나태	92. 尊敬
33. 집, 지게문 호	48. 增	63. 재배	78. 투자	93. 變更
34. 시골, 마을 향	49. 容	64. 충치	79. 사전	94. 性, 聲
35. 더할 익	50. 忠	65. 균등	80. 추억	95. 利, 移
36. 닭 유	51. 唱	66. 백반	81. 정서	96. 常, 情
37. 찾을 탐	52. 婚	67. 단순	82. 축척	97. 果, 應
38. 물결 파	53. 방한	68. 定	83. 공연	98. 田, 水
39. 권세 권	54. 수련	69. 布	84. 맥락	99. 衆, 口
40. 응할 응	55. 갑인	70. 呼	85. 추천	100. 千, 律
41. 붙을 착	56. 권리	71. 與	86. 비속어	
42. 이을 승	57. 의존	72. 最	87. 봉건제도	
43. 경선, 지날, 글 경	58. 외제	73. 其	88. 節約	
44. 물러날 퇴	59. 친구	74. 論	89. 慶祝	
45. 구원할, 도울 구	60. 내지	75. 격차	90. 假定	

한자자격시험 4급 예상문제 08

객관식 정답

1. ②	16. ④
2. ③	17. ②
3. ④	18. ①
4. ③	19. ③
5. ②	20. ③
6. ②	21. ④
7. ①	22. ①
8. ①	23. ③
9. ②	24. ①
10. ③	25. ②
11. ①	26. ④
12. ④	27. ③
13. ③	28. ②
14. ②	29. ④
15. ①	30. ①

주관식 정답

31. 홀, 홀로 단	46. 依	61. 계곡	76. 경제	91. 移動
32. 변할 변	47. 與	62. 청취	77. 매장	92. 訪問
33. 맞을, 적당 적	48. 造	63. 경축	78. 수요	93. 獨立
34. 보낼 송	49. 尊	64. 미골	79. 분단	94. 收, 受
35. 물결 파	50. 接	65. 비소	80. 취향	95. 敵, 適
36. 들을 청	51. 律	66. 연수	81. 혈연	96. 熱, 治
37. 혀 설	52. 遺	67. 거상	82. 여론	97. 無, 患
38. 펼 포	53. 감수	68. 增	83. 투표	98. 衣, 鄕
39. 도울 협	54. 병술	69. 授	84. 효율	99. 移, 山
40. 흩어질 산	55. 급제	70. 保	85. 함축	100. 刻, 骨
41. 붓 필	56. 처세	71. 册	86. 복지	
42. 받을 수	57. 간병	72. 偉	87. 무역	
43. 통달할 달	58. 독창	73. 治	88. 復習	
44. 홀로 독	59. 법칙	74. 其	89. 到達	
45. 매울 신	60. 만고	75. 혁명	90. 最高	

한자자격시험 4급 예상문제 09

객관식 정답

1. ①	16. ①
2. ③	17. ④
3. ③	18. ①
4. ④	19. ④
5. ②	20. ③
6. ①	21. ②
7. ④	22. ③
8. ②	23. ④
9. ②	24. ①
10. ②	25. ①
11. ①	26. ④
12. ②	27. ④
13. ③	28. ③
14. ③	29. ②
15. ②	30. ①

주관식 정답

31. 눈 안	46. 最	61. 여객	76. 공경	91. 暴徒
32. 그릇될, 그르칠 오	47. 停	62. 여파	77. 방종	92. 充足
33. 연고, 원인 고	48. 往	63. 존경	78. 영장	93. 達成
34. 거스를 역	49. 拜	64. 사복	79. 예금	94. 等, 燈
35. 경사 경	50. 富	65. 덕치	80. 실천	95. 害, 解
36. 바를, 끝 단	51. 手	66. 참가	81. 금융	96. 名, 實
37. 마디 절	52. 訓	67. 상념	82. 대본	97. 故, 新
38. 수컷 웅	53. 분열	68. 舊	83. 연대	98. 己, 復
39. 뭍 륙	54. 법치	69. 卯	84. 저항	99. 卵, 危
40. 개 술	55. 거론	70. 走	85. 세포	100. 恩, 德
41. 장수 장	56. 단정	71. 競	86. 수입	
42. 노래, 부를 창	57. 수여	72. 看	87. 추억	
43. 범 인	58. 유산	73. 起	88. 書藝	
44. 궁구할, 연구 구	59. 순익	74. 論	89. 反復	
45. 살필 찰	60. 은혜	75. 갈등	90. 減少	

정답

한자자격시험 4급 예상문제 10

객관식 정답
1. ②
2. ④
3. ②
4. ④
5. ①
6. ③
7. ①
8. ②
9. ④
10. ③
11. ②
12. ①
13. ②
14. ②
15. ①
16. ②
17. ④
18. ①
19. ②
20. ③
21. ②
22. ①
23. ③
24. ③
25. ①
26. ③
27. ④
28. ③
29. ②
30. ①

주관식 정답
31. 밥 반
32. 빽빽할, 몰래 밀
33. 뱀, 지지 사
34. 거둘 수
35. 위태할 위
36. 가릴, 뽑을 선
37. 꼬리 미
38. 갈 왕
39. 알 인
40. 미칠 급
41. 풀 해
42. 코 비
43. 사나울, 드러낼 폭/포
44. 지을 제
45. 혼인할 혼
46. 將
47. 端
48. 變
49. 務
50. 婦
51. 順
52. 最
53. 열렬
54. 독창
55. 한계
56. 욕실
57. 연구
58. 취득
59. 음양
60. 청혼
61. 벌초
62. 세련
63. 포교
64. 희망
65. 계곡
66. 호응
67. 포악
68. 往
69. 走
70. 造
71. 請
72. 册
73. 看
74. 其
75. 지진
76. 선택
77. 여가
78. 근면
79. 반사
80. 비교
81. 초과
82. 질서
83. 재판
84. 천부
85. 유대
86. 박람회
87. 금지
88. 興亡
89. 支給
90. 協助
91. 滿足
92. 探究
93. 人波
94. 軍, 君
95. 銀, 恩
96. 有, 骨
97. 漁, 利
98. 者, 敵
99. 日, 將
100. 衆, 不

한자자격시험 4급 예상문제 11

객관식 정답
1. ③
2. ③
3. ①
4. ①
5. ②
6. ④
7. ④
8. ③
9. ②
10. ②
11. ①
12. ②
13. ②
14. ②
15. ①
16. ④
17. ②
18. ③
19. ①
20. ③
21. ④
22. ②
23. ①
24. ②
25. ①
26. ④
27. ②
28. ①
29. ②
30. ③

주관식 정답
31. 이을 속
32. 벗을 탈
33. 세울 건
34. 옛 구
35. 논할, 말씀 론
36. 슬플 비
37. 칠 벌
38. 들 거
39. 익힐 련
40. 벌릴 렬
41. 다시 갱, 고칠 경
42. 궁구할, 연구 구
43. 남녘 병
44. 은혜 혜
45. 새 을
46. 節
47. 細
48. 快
49. 除
50. 處
51. 流
52. 訪
53. 길조
54. 지향
55. 구조
56. 인정
57. 접수
58. 의무
59. 좌시
60. 성신
61. 구관
62. 충만
63. 담소
64. 탐구
65. 창호
66. 인장
67. 농경
68. 選
69. 防
70. 佳
71. 獨
72. 舍
73. 眼
74. 看
75. 검소
76. 전도
77. 산책
78. 관용
79. 기업
80. 기호
81. 금지
82. 모방
83. 오염
84. 자비
85. 실천
86. 비속어
87. 마찰
88. 稅金
89. 結婚
90. 財貨
91. 寒波
92. 後退
93. 參與
94. 用, 容
95. 復, 福
96. 藥, 房
97. 眼, 無
98. 書, 判
99. 興, 使
100. 十, 飯

한자자격시험 4급 예상문제 12

객관식 정답
1. ①
2. ①
3. ②
4. ②
5. ③
6. ②
7. ②
8. ④
9. ④
10. ②
11. ④
12. ④
13. ①
14. ③
15. ②
16. ④
17. ③
18. ②
19. ②
20. ①
21. ③
22. ②
23. ③
24. ②
25. ①
26. ④
27. ②
28. ③
29. ③
30. ④

주관식 정답
31. 얼굴 용
32. 고울 선
33. 이 치
34. 앉을 좌
35. 바랄 희
36. 별 진
37. 돌아올 복, 다시 부
38. 실 사
39. 미칠 급
40. 천간 계
41. 끝, 한정 한
42. 일어날 흥
43. 고를 균
44. 등잔 등
45. 클, 위태할 위
46. 防
47. 徒
48. 退
49. 佛
50. 單
51. 笑
52. 脫
53. 왕복
54. 변칙
55. 성량
56. 지지
57. 적용
58. 감사
59. 연속
60. 연수
61. 도달
62. 소지
63. 벌초
64. 유전
65. 안보
66. 접대
67. 윤리
68. 問
69. 獨
70. 聲
71. 爲
72. 悲
73. 最
74. 望
75. 저항
76. 환경
77. 맥락
78. 추억
79. 추천
80. 투자
81. 공경
82. 도체
83. 마찰력
84. 기호
85. 상징
86. 여가
87. 희소
88. 可能
89. 依存
90. 松竹
91. 不良
92. 論理
93. 廣告
94. 全, 傳
95. 童, 動
96. 言, 書
97. 權, 年
98. 甘, 草
99. 門, 一
100. 萬, 苦

정 답

한자자격시험 4급 예상문제 13

객관식 정답		주관식 정답							
1. ④	16. ④	31. 무리 중	46. 倫	61. 폭도	76. 익명성	91. 合唱
2. ③	17. ④	32. 꼬리 미	47. 精	62. 제거	77. 위성도시	92. 對應
3. ④	18. ③	33. 생각 상	48. 線	63. 수급	78. 한대기후	93. 誤答
4. ③	19. ②	34. 방패 간	49. 恩	64. 위급	79. 표준어	94. 印, 認
5. ②	20. ④	35. 이에 내	50. 他	65. 성군	80. 기업	95. 淸, 請
6. ①	21. ①	36. 볕, 경치 경	51. 舌	66. 조성	81. 묘사	96. 骨, 肉
7. ①	22. ③	37. 조각 편	52. 看	67. 한파	82. 다원사회	97. 男, 女
8. ②	23. ②	38. 방 방	53. 의사	68. 眼	83. 답사	98. 千, 遇
9. ①	24. ④	39. 들 거	54. 음양	69. 笑	84. 희소성	99. 針, 大
10. ③	25. ③	40. 아닐 부	55. 처리	70. 鼻	85. 조경수역	100. 夫, 婦
11. ④	26. ④	41. 재주 예	56. 세필	71. 飯	86. 판매	
12. ②	27. ②	42. 매울 신	57. 유포	72. 權	87. 제국주의	
13. ④	28. ①	43. 판단할 판	58. 좌석	73. 保	88. 齒科	
14. ②	29. ①	44. 남길 유	59. 존중	74. 最	89. 溫水	
15. ①	30. ②	45. 주을 습, 열 십	60. 인식	75. 취향	90. 權利	

한자자격시험 4급 예상문제 14

객관식 정답		주관식 정답							
1. ②	16. ②	31. 개, 지지 술	46. 最	61. 사례	76. 효율	91. 起立
2. ②	17. ①	32. 순수할 순	47. 神	62. 요령	77. 지구촌	92. 希望
3. ①	18. ④	33. 절 사	48. 應	63. 인륜	78. 봉건제도	93. 限界
4. ②	19. ①	34. 밭갈 경	49. 防	64. 접골	79. 공황	94. 決, 結
5. ③	20. ④	35. 권세 권	50. 恩	65. 유산	80. 장원	95. 好, 呼
6. ④	21. ②	36. 꼬리 미	51. 非	66. 휴무	81. 분단	96. 敬, 孝
7. ④	22. ③	37. 줄 수	52. 義	67. 조련	82. 배타주의	97. 報, 恩
8. ③	23. ②	38. 지킬, 보호할 보	53. 탐구	68. 危	83. 고증학	98. 利, 說
9. ②	24. ④	39. 금할 금	54. 적량	69. 看	84. 갈등	99. 單, 刀
10. ④	25. ①	40. 물결 파	55. 습득	70. 受	85. 연상	100. 春, 秋
11. ④	26. ②	41. 정기, 가릴 정	56. 묘미	71. 想	86. 사전	
12. ①	27. ①	42. 벌레 충	57. 여객	72. 益	87. 증후군	
13. ①	28. ①	43. 구원할 구	58. 사옥	73. 册	88. 幸福	
14. ④	29. ④	44. 성할 성	59. 오해	74. 不	89. 論爭	
15. ②	30. ②	45. 빽빽할, 몰래 밀	60. 영웅	75. 초과	90. 練習	

한자자격시험 4급 예상문제 15

객관식 정답		주관식 정답							
1. ①	16. ④	31. 찰 만	46. 判	61. 증진	76. 기단	91. 到着
2. ③	17. ④	32. 인륜, 윤리 륜	47. 遺	62. 희망	77. 대중매체	92. 雄大
3. ①	18. ③	33. 책 책	48. 朱	63. 경기	78. 배타주의	93. 同甲
4. ③	19. ②	34. 옮길 이	49. 治	64. 시비	79. 소통	94. 慶, 競
5. ②	20. ①	35. 미칠 급	50. 面	65. 여행	80. 체조	95. 傳, 展
6. ④	21. ③	36. 법칙 칙	51. 誠	66. 매수	81. 첨단	96. 興, 悲
7. ②	22. ③	37. 고울 선	52. 鄕	67. 권익	82. 밀접	97. 佳, 人
8. ②	23. ①	38. 하늘, 마를 건	53. 재화	68. 硏	83. 우주	98. 安, 席
9. ④	24. ②	39. 응할 응	54. 균등	69. 續	84. 예견	99. 口, 難
10. ③	25. ④	40. 성낼 노	55. 대우	70. 坐	85. 순장	100. 一, 律
11. ④	26. ③	41. 소나무 송	56. 청계	71. 處	86. 암석	
12. ④	27. ②	42. 밥 반	57. 위급	72. 起	87. 죽림칠현	
13. ②	28. ④	43. 그 기	58. 축제	73. 苦	88. 지시	
14. ④	29. ①	44. 아닐 부	59. 권력	74. 解	89. 榮光	
15. ①	30. ④	45. 법 률	60. 조절	75. 추출	90. 增加	

정답

한자자격시험 4급 예상문제 16

객관식 정답

1. ②	16. ③	2. ③	17. ③
3. ④	18. ③	4. ④	19. ③
5. ③	20. ①	6. ③	21. ①
7. ②	22. ③	8. ①	23. ④
9. ①	24. ②	10. ④	25. ④
11. ②	26. ①	12. ②	27. ③
13. ②	28. ①	14. ②	29. ③
15. ③	30. ④		

주관식 정답

31. 그늘 음
32. 정기, 가릴 정
33. 곳 처
34. 혼인할 혼
35. 세울 건
36. 집 사
37. 부를 호
38. 슬플 비
39. 소리 성
40. 그릇될, 그르칠 오
41. 마디 절
42. 높을, 존경할 존
43. 처음 초
44. 청할 청
45. 웃음 소
46. 蟲
47. 解
48. 除
49. 巨
50. 保
51. 耕
52. 均
53. 윤리
54. 염불
55. 수양
56. 거수
57. 탐구
58. 접수
59. 포악
60. 한파
61. 금지
62. 정세
63. 여객
64. 명절
65. 과밀
66. 가감
67. 판정
68. 希
69. 乾
70. 想
71. 雄
72. 偉
73. 悲
74. 取
75. 혁명
76. 존엄
77. 은어
78. 비유
79. 수요
80. 음운
81. 긍정
82. 방종
83. 사법부
84. 위성도시
85. 증후군
86. 토의
87. 훈고학
88. 溪谷
89. 要約
90. 害蟲
91. 判決
92. 俗談
93. 移動
94. 祖, 助
95. 章, 場
96. 者, 解
97. 西, 走
98. 眼, 下
99. 有, 骨
100. 鼻, 三

한자자격시험 4급 기출문제 01

객관식 정답

1. ②	16. ①	2. ①	17. ②
3. ③	18. ①	4. ②	19. ③
5. ④	20. ①	6. ③	21. ④
7. ①	22. ②	8. ②	23. ①
9. ①	24. ③	10. ③	25. ①
11. ④	26. ②	12. ②	27. ④
13. ①	28. ②	14. ③	29. ①
15. ④	30. ②		

주관식 정답

31. 더할 익
32. 소나무 송
33. 새 을
34. 풀 해
35. 붉을 주
36. 금할 금
37. 볕, 경치 경
38. 밥 반
39. 은혜 혜
40. 이에 내
41. 무리 도
42. 혀 설
43. 호수 호
44. 뜻 지
45. 구름 운
46. 唱
47. 想
48. 容
49. 細
50. 曲
51. 政
52. 流
53. 철사
54. 경복
55. 이주
56. 단청
57. 대우
58. 관중
59. 친구
60. 만약
61. 여객
62. 세련
63. 담소
64. 유전
65. 성군
66. 휴무
67. 매수
68. 依
69. 街
70. 保
71. 認
72. 感
73. 授
74. 偉
75. 조약
76. 독도
77. 경제
78. 토의
79. 관성
80. 습득
81. 환경
82. 비교
83. 축제
84. 근거
85. 농도
86. 소통
87. 유인우주선
88. 視力
89. 放學
90. 重要
91. 可能
92. 充分
93. 室內
94. 才, 材
95. 童, 動
96. 寸, 陰
97. 苦, 樂
98. 名, 實
99. 故, 友
100. 安, 席

한자자격시험 4급 기출문제 02

객관식 정답

1. ②	16. ③	2. ④	17. ④
3. ②	18. ③	4. ①	19. ①
5. ③	20. ③	6. ②	21. ③
7. ①	22. ④	8. ③	23. ②
9. ②	24. ④	10. ④	25. ①
11. ③	26. ②	12. ②	27. ③
13. ①	28. ①	14. ②	29. ②
15. ①	30. ③		

주관식 정답

31. 성할 성
32. 수컷 웅
33. 끌 인
34. 성낼 노
35. 바랄 희
36. 벌레 충
37. 뼈 골
38. 웃음 소
39. 들을 청
40. 인륜 륜
41. 거둘 수
42. 밭갈 경
43. 의지할 의
44. 잊을 망
45. 매울 신
46. 烈
47. 爲
48. 端
49. 恩
50. 質
51. 順
52. 誠
53. 신청
54. 연속
55. 위해
56. 좌시
57. 포고
58. 답방
59. 갑인
60. 처세
61. 연수
62. 취득
63. 수여
64. 폭도
65. 정세
66. 요령
67. 경기
68. 治
69. 神
70. 聲
71. 若
72. 朱
73. 變
74. 最
75. 초과
76. 마찰
77. 오해
78. 분석
79. 비율
80. 암석
81. 충만
82. 면역력
83. 오염
84. 산책
85. 혁명
86. 계곡
87. 실천
88. 論理
89. 幸福
90. 到着
91. 溫水
92. 早期
93. 綠色
94. 基, 其
95. 展, 傳
96. 重, 復
97. 平, 聖
98. 片, 丹
99. 單, 直
100. 材, 所

정 답

한자자격시험 4급 기출문제 **03**

객관식 정답		주관식 정답							
1. ③	16. ①	31. 뭍 륙	46. 密	61. 여파	76. 열렬	91. 巨大
2. ④	17. ②	32. 그 기	47. 滿	62. 조련	77. 기지	92. 看過
3. ③	18. ④	33. 통달할 달	48. 依	63. 포교	78. 마찰력	93. 農耕
4. ②	19. ③	34. 무리 도	49. 快	64. 탐구	79. 검소	94. 丙, 兵
5. ①	20. ②	35. 오랠 구	50. 解	65. 안보	80. 가치	95. 復, 福
6. ④	21. ④	36. 말 두	51. 最	66. 조성	81. 지조	96. 戰, 將
7. ①	22. ①	37. 경사 경	52. 走	67. 권익	82. 돌연변이	97. 太, 聖
8. ③	23. ③	38. 활 궁	53. 수미	68. 鄕	83. 갈등	98. 危, 授
9. ④	24. ③	39. 글귀 구	54. 과거	69. 爲	84. 기공	99. 眼, 無
10. ②	25. ②	40. 벼슬 관	55. 재화	70. 要	85. 습득	100. 燈, 親
11. ①	26. ①	41. 묘할 묘	56. 희망	71. 種	86. 공황	
12. ③	27. ③	42. 일어날 기	57. 착실	72. 常	87. 고증학	
13. ②	28. ①	43. 절 배	58. 가두	73. 均	88. 伐草	
14. ④	29. ①	44. 붉을 단	59. 내지	74. 務	89. 主婦	
15. ③	30. ④	45. 실 사	60. 계곡	75. 단독	90. 鼻音	

한자자격시험 4급 기출문제 **04**

객관식 정답		주관식 정답							
1. ①	16. ④	31. 물러날 퇴	46. 經	61. 법칙	76. 최신	91. 誤答
2. ④	17. ③	32. 성스러울 성	47. 妙	62. 은혜	77. 게시판	92. 救助
3. ②	18. ②	33. 이 치	48. 與	63. 벌초	78. 박물관	93. 引上
4. ③	19. ①	34. 영화 영	49. 節	64. 충만	79. 설전	94. 用, 容
5. ②	20. ②	35. 다툴 경	50. 雄	65. 위급	80. 봉건제도	95. 注, 朱
6. ③	21. ②	36. 재주 예	51. 敵	66. 유산	81. 기업	96. 同, 異
7. ②	22. ③	37. 범 인	52. 處	67. 여행	82. 개기월식	97. 若, 觀
8. ④	23. ④	38. 힘쓸 무	53. 시구	68. 造	83. 맥락	98. 往, 來
9. ①	24. ②	39. 살필 찰	54. 말미	69. 細	84. 복지	99. 言, 骨
10. ④	25. ①	40. 순수할 순	55. 균등	70. 布	85. 붕당정치	100. 不, 安
11. ②	26. ③	41. 갈 연	56. 면접	71. 乾	86. 매장	
12. ③	27. ②	42. 코 비	57. 합창	72. 密	87. 배타주의	
13. ③	28. ②	43. 목욕할 욕	58. 신고	73. 適	88. 信徒	
14. ①	29. ①	44. 그 기	59. 한파	74. 眼	89. 探究	
15. ①	30. ④	45. 옛 구	60. 외제	75. 변경	90. 俗談	

한자자격시험 OMR 답안지

(사)한자교육진흥회
한국한자실력평가원

2급 ~ 6급 응시자용

제	회	응시급수	
		2급	○
		3급	○
		준3급	○
※ 감독관 확인	(서명)	4급	○
		준4급	○
		5급	○
		준5급	○
		6급	○

성 명	

수험번호

주민등록번호

객관식 답안란

1	①②③④	16	①②③④
2	①②③④	17	①②③④
3	①②③④	18	①②③④
4	①②③④	19	①②③④
5	①②③④	20	①②③④
6	①②③④	21	①②③④
7	①②③④	22	①②③④
8	①②③④	23	①②③④
9	①②③④	24	①②③④
10	①②③④	25	①②③④
11	①②③④	26	①②③④
12	①②③④	27	①②③④
13	①②③④	28	①②③④
14	①②③④	29	①②③④
15	①②③④	30	①②③④

※ 객관식 답안지 작성요령

1. 반드시 컴퓨터용 수성싸인펜을
   사용하여 바르게 표기 하십시오.
   *바르게 표기한 예 : ●
2. 수정하고자 할 때에는
   수정테이프만을 사용합니다.

주관식 답안란

문항	주관식 답안란	조점	재점
31		○	○
32		○	○
33		○	○
34		○	○
35		○	○
36		○	○
37		○	○
38		○	○
39		○	○
40		○	○

문항	주관식 답안란	조점	재점
41		○	○
42		○	○
43		○	○
44		○	○
45		○	○
46		○	○
47		○	○
48		○	○
49		○	○
50		○	○

※ 조점 · 재점란의 ○에는 표기하지 마십시오.

※ 주관식 답안 작성은 볼펜으로 합니다. 5l~100번은 뒷면에 있습니다.

※ 주관식 답안 작성시 작성법은 뒷면에 있습니다.

◎ 한자자격시험 주관식 답안지 ◎

문항	주관식 채점위원 확인란	초점 채점위원		문항	주관식 답안란	초점 채점		문항	주관식 답안란	초점 채점		문항	주관식 답안란	초점 채점	
51		○	○	71		○	○	81		○	○	91		○	○
52		○	○	72		○	○	82		○	○	92		○	○
53		○	○	73		○	○	83		○	○	93		○	○
54		○	○	74		○	○	84		○	○	94		○	○
55		○	○	75		○	○	85		○	○	95		○	○
56		○	○	76		○	○	86		○	○	96		○	○
57		○	○	77		○	○	87		○	○	97		○	○
58		○	○	78		○	○	88		○	○	98		○	○
59		○	○	79		○	○	89		○	○	99		○	○
60		○	○	80		○	○	90		○	○	100		○	○

※ 주관식 발표 - 한자자격시험(www.hanja114.org) / ARS 060-700-2055

한자자격시험 OMR 답안지

(사)한자교육진흥회
한국한자실력평가원

2급 ~ 6급 응시자용

제 회	응시급수	
	2급	○
	3급	○
	준3급	○
※ 감독관 확인	4급	○
(서명)	준4급	○
	5급	○
	준5급	○
	6급	○

성 명

객관식 답안란

1	① ② ③ ④	16	① ② ③ ④
2	① ② ③ ④	17	① ② ③ ④
3	① ② ③ ④	18	① ② ③ ④
4	① ② ③ ④	19	① ② ③ ④
5	① ② ③ ④	20	① ② ③ ④
6	① ② ③ ④	21	① ② ③ ④
7	① ② ③ ④	22	① ② ③ ④
8	① ② ③ ④	23	① ② ③ ④
9	① ② ③ ④	24	① ② ③ ④
10	① ② ③ ④	25	① ② ③ ④
11	① ② ③ ④	26	① ② ③ ④
12	① ② ③ ④	27	① ② ③ ④
13	① ② ③ ④	28	① ② ③ ④
14	① ② ③ ④	29	① ② ③ ④
15	① ② ③ ④	30	① ② ③ ④

수험번호

주민등록번호

객관식 답안지 작성요령

1. 반드시 컴퓨터용 수성싸인펜을 사용하여 바르게 표기 하십시오.
   ＊바르게 표기한 예 : ●
2. 수정하고자 할 때에는 수정테이프만을 사용합니다.

문항	주관식 답안란	조검	채검
31		○	○
32		○	○
33		○	○
34		○	○
35		○	○
36		○	○
37		○	○
38		○	○
39		○	○
40		○	○

문항	주관식 답안란	조검	채검
41		○	○
42		○	○
43		○	○
44		○	○
45		○	○
46		○	○
47		○	○
48		○	○
49		○	○
50		○	○

※ 주관식 답안 작성은 볼펜으로 합니다. 51~100번은 뒷면에 있습니다.

※ 조검·채검란의 ○에는 표기하지 마십시오.

◎ 한자자격시험 주관식 답안지 ◎

문항	초재 검점	주관식 답안란	문항	초재 검점	주관식 답안란	문항	초재 검점	주관식 답안란	문항	초재 검점	주관식 답안란
51	○ ○		61	○ ○		71	○ ○		81	○ ○	
52	○ ○		62	○ ○		72	○ ○		82	○ ○	
53	○ ○		63	○ ○		73	○ ○		83	○ ○	
54	○ ○		64	○ ○		74	○ ○		84	○ ○	
55	○ ○		65	○ ○		75	○ ○		85	○ ○	
56	○ ○		66	○ ○		76	○ ○		86	○ ○	
57	○ ○		67	○ ○		77	○ ○		87	○ ○	
58	○ ○		68	○ ○		78	○ ○		88	○ ○	
59	○ ○		69	○ ○		79	○ ○		89	○ ○	
60	○ ○		70	○ ○		80	○ ○		90	○ ○	

문항	초재 검점	주관식 답안란
91	○ ○	
92	○ ○	
93	○ ○	
94	○ ○	
95	○ ○	
96	○ ○	
97	○ ○	
98	○ ○	
99	○ ○	
100	○ ○	

※ 주관식 채점위원 출인란   초검 채점위원   재검 채점위원

※ 합격자 발표 – 한자자격시험(www.hanja114.org) / ARS 060-700-2055

2급 ~ 6급 응시자용

한 자 자 격 시 험 O M R 답 안 지

(사)한자교육진흥회
한국한자실력평가원

제 회		응 시 급 수	
※ 감독관 확 인	(서명)	2급	○
		3급	○
		준3급	○
		4급	○
		준4급	○
		5급	○
		준5급	○
		6급	○

성 명	

수 험 번 호

			—			—			—				
⓪	⓪	⓪		⓪	⓪		⓪	⓪		⓪	⓪	⓪	⓪
①	①	①		①	①		①	①		①	①	①	①
②	②	②		②	②		②	②		②	②	②	②
③	③	③		③	③		③	③		③	③	③	③
④	④	④	—	④	④	—	④	④	—	④	④	④	④
⑤	⑤	⑤		⑤	⑤		⑤	⑤		⑤	⑤	⑤	⑤
⑥	⑥	⑥		⑥	⑥		⑥	⑥		⑥	⑥	⑥	⑥
⑦	⑦	⑦		⑦	⑦		⑦	⑦		⑦	⑦	⑦	⑦
⑧	⑧	⑧		⑧	⑧		⑧	⑧		⑧	⑧	⑧	⑧
⑨	⑨	⑨		⑨	⑨		⑨	⑨		⑨	⑨	⑨	⑨

주 민 등 록 번 호

						—							
⓪	⓪	⓪	⓪	⓪	⓪			⓪	⓪	⓪	⓪	⓪	⓪
①	①	①	①	①	①		①	①	①	①	①	①	①
②	②		②	②	②		②	②	②	②	②	②	②
③	③		③	③	③		③	③	③	③	③	③	③
④	④		④		④	—	④	④	④	④	④	④	④
⑤	⑤		⑤		⑤		⑤	⑤	⑤	⑤	⑤	⑤	⑤
⑥	⑥		⑥		⑥		⑥	⑥	⑥	⑥	⑥	⑥	⑥
⑦	⑦		⑦		⑦		⑦	⑦	⑦	⑦	⑦	⑦	⑦
⑧	⑧		⑧		⑧		⑧	⑧	⑧	⑧	⑧	⑧	⑧
⑨	⑨		⑨		⑨			⑨	⑨	⑨	⑨	⑨	⑨

객 관 식 답 안 란

1	①②③④	16	①②③④
2	①②③④	17	①②③④
3	①②③④	18	①②③④
4	①②③④	19	①②③④
5	①②③④	20	①②③④
6	①②③④	21	①②③④
7	①②③④	22	①②③④
8	①②③④	23	①②③④
9	①②③④	24	①②③④
10	①②③④	25	①②③④
11	①②③④	26	①②③④
12	①②③④	27	①②③④
13	①②③④	28	①②③④
14	①②③④	29	①②③④
15	①②③④	30	①②③④

※ 객관식 답안지 작성요령

1. 반드시 컴퓨터용 수성싸인펜을 사용하여 바르게 표기 하십시오.
   ＊바르게 표기한 예 : ●
2. 수정하고자 할 때에는 수정테이프만을 사용합니다.

※ 주관식 답안 작성은 볼펜으로 합니다. 51~100번은 뒷면에 있습니다.

문항	주관식 답안란	초검	재검	문항	주관식 답안란	초검	재검
31		○	○	41		○	○
32		○	○	42		○	○
33		○	○	43		○	○
34		○	○	44		○	○
35		○	○	45		○	○
36		○	○	46		○	○
37		○	○	47		○	○
38		○	○	48		○	○
39		○	○	49		○	○
40		○	○	50		○	○

※초검 · 재검란의 ○에는 표기하지 마십시오.

◎ 한자자격시험 주관식 답안지 ◎

문항	주관식 채점위원 확인란	출제검점	문항	주관식 답안란	출제검점	문항	주관식 답안란	출제검점	문항	주관식 답안란	출제검점
51		○○	61		○○	71		○○	81		○○
52		○○	62		○○	72		○○	82		○○
53		○○	63		○○	73		○○	83		○○
54		○○	64		○○	74		○○	84		○○
55		○○	65		○○	75		○○	85		○○
56		○○	66		○○	76		○○	86		○○
57		○○	67		○○	77		○○	87		○○
58		○○	68		○○	78		○○	88		○○
59		○○	69		○○	79		○○	89		○○
60		○○	70		○○	80		○○	90		○○

문항	주관식 답안란	출제검점
91		○○
92		○○
93		○○
94		○○
95		○○
96		○○
97		○○
98		○○
99		○○
100		○○

※ 주관식 채점위원 초검 채점위원 재검 채점위원

※ 합격자 발표 – 한자자격시험(www.hanja114.org) / ARS 060-700-2055

한자자격시험 OMR 답안지

(사)한자교육진흥회
한국한자실력평가원

◎ 한자자격시험 주관식 답안지 ◎

문항	초재 채점	주관식 답안란	문항	초재 채점	주관식 답안란	문항	초재 채점	주관식 답안란	문항	초재 채점	주관식 답안란	문항	초재 채점
51	○ ○		61	○ ○		71	○ ○		81	○ ○		91	○ ○
52	○ ○		62	○ ○		72	○ ○		82	○ ○		92	○ ○
53	○ ○		63	○ ○		73	○ ○		83	○ ○		93	○ ○
54	○ ○		64	○ ○		74	○ ○		84	○ ○		94	○ ○
55	○ ○		65	○ ○		75	○ ○		85	○ ○		95	○ ○
56	○ ○		66	○ ○		76	○ ○		86	○ ○		96	○ ○
57	○ ○		67	○ ○		77	○ ○		87	○ ○		97	○ ○
58	○ ○		68	○ ○		78	○ ○		88	○ ○		98	○ ○
59	○ ○		69	○ ○		79	○ ○		89	○ ○		99	○ ○
60	○ ○		70	○ ○		80	○ ○		90	○ ○		100	○ ○

※ 주관식 채점위원 확인란 초검 채점위원 재검 채점위원

※ 합격자 발표 – 한자자격시험(www.hanja114.org) / ARS 060-700-2055

◎ 한자자격시험 주관식 답안지 ◎

문항	초재 검점	초검 검점	주관식 답안란	문항	초재 검점	초검 검점	주관식 답안란	문항	초재 검점	초검 검점	주관식 답안란	문항	초재 검점	초검 검점	주관식 답안란
51	○	○		71	○	○		81	○	○		91	○	○	
52	○	○		72	○	○		82	○	○		92	○	○	
53	○	○		73	○	○		83	○	○		93	○	○	
54	○	○		74	○	○		84	○	○		94	○	○	
55	○	○		75	○	○		85	○	○		95	○	○	
56	○	○		76	○	○		86	○	○		96	○	○	
57	○	○		77	○	○		87	○	○		97	○	○	
58	○	○		78	○	○		88	○	○		98	○	○	
59	○	○		79	○	○		89	○	○		99	○	○	
60	○	○		80	○	○		90	○	○		100	○	○	

※ 주관식 채점위원 확인란   초검 채점위원   재검 채점위원

※ 합격자 발표 – 한자자격시험(www.hanja114.org) / ARS 060-700-2055